Si votre chat pouvait parler…

Si votre chat pouvait parler…

DR BRUCE FOGLE

LAROUSSE

21 rue du Montparnasse 75283 Paris Cedex 06

Édition originale

'A Dorling Kindersley Book'
www.dk.com
If You Cat Could Talk

Édition française

Traduction et adaptation
Véronique Dreyfus

Direction éditoriale
Catherine Delprat

Édition
Laure Sérullaz assistée de Ariane Roland
et de Carole Fossati

Fabrication
Annie Botrel

Couverture
Véronique Laporte

Réalisation
Alinéa

ISBN 978-2-03-583810-0
Dépôt légal février 2008

Achevé d'imprimer en mai 2011 en Chine
par Leo Paper Products Ltd.

Sommaire

Avant-propos

Il fut un temps où les chats ne fréquentaient ma clinique vétérinaire que pour subir des vaccins et stérilisations lorsqu'ils étaient jeunes, et pour que je les accompagne dans la mort, une fois devenus vieux. Il est difficile d'imaginer de nos jours, qu'il n'y a pas si longtemps encore, beaucoup de gens n'accordaient aucune valeur au chat, que ce soit sentimentale, sociale ou encore psychologique. Au cours de la deuxième moitié du XXe siècle, cet animal familier s'est définitivement installé dans nos foyers, sur nos canapés et nos lits, sous les couvertures et dans nos cœurs. Avant, il n'était qu'une espèce utilitaire, en tant que chasseur de souris et la maladie, les accidents ou la mort étaient considérés comme le fait du destin. De plus, l'indépendance naturelle du chat domestique passait pour de la réserve, contrairement aux chiens qui étaient dépendants et avaient besoin de nous. Cet état d'esprit faisait du chat celui de tous nos animaux domestiques que nous comprenions le moins.

Quel changement depuis ! Les chats, qui ne représentaient autrefois que 10 % des animaux de compagnie reçus dans ma clinique, sont la majorité actuellement. Dans le temps, seuls les agriculteurs et les inconditionnels possédaient un chat. Aujourd'hui, ce petit compagnon a investi toutes sortes de foyers, notamment ceux des amoureux du chien.

Ce public, plutôt ignorant du comportement félin, considère le chat comme un chien qui fait miaou, ce qui ne va pas sans poser de problèmes. Ainsi, un des scénarios les plus classiques chez le vétérinaire, est celui des maîtres qui, travaillant tous les deux et contrariés de laisser leur chat seul toute la journée, prennent un chaton pour lui tenir compagnie. Résultat : a) le premier urine partout ; b) fait ses besoins près de la porte ; c) grogne, crache ou attaque l'intrus ; d) prive ses maîtres de son affection ; ou e) met une annonce dans la presse locale pour trouver un nouveau foyer. « Que pouvons-nous faire ? » demande une voix angoissée au bout du fil. Sachez que les chats ne sont pas des chiens sensuels armés de griffes pour grimper. Ils ont des besoins sociaux biens différents de ceux des chiens ou des nôtres.

Plus que toute autre espèce domestiquée, le chat est autosuffisant et possède un sens, très développé et enviable, de sa personne. Parfaitement conscient de lui-même, il connaît précisément ses besoins et ses envies. Ces caractéristiques pourraient être interprétées, en termes humains, comme de l'impériosité et de la réserve. Ainsi, le proverbe « Les chiens imaginent qu'ils sont humains ; les chats se prennent pour Dieu » fait l'unanimité chez les maîtres de chat, tout comme sa variante : « Les chiens ont un maître ; les chats ont du personnel ».

Au cours du XXe siècle, grâce au développement des relations entre les êtres humains et les chats, les naturalistes se sont mis à observer plus attentivement le comportement de cet animal. Dans les années 1970 et 1980, des revues d'éthologie publièrent d'innombrables études sur les chats domestiques d'appartement ou d'extérieur. Cela permit une meilleure compréhension de leur comportement. Il s'agissait d'une espèce matriarcale, douée d'une capacité bien plus importante de sociabilité qu'on ne l'avait imaginé. La condition était un apprentissage précoce, devant se faire avant l'âge de 50 jours.

Ce qui rend le chat tellement attrayant, à mon sens, c'est sa sensualité naturelle. La vie avec lui, plus qu'avec toute autre espèce domestique, nous ouvre une porte sur le monde de la nature. Aussi, les chats ne trichent jamais avec les sentiments, mais nous ne parvenons pas toujours à les interpréter. Ainsi, les habitués des chiens prennent parfois le battement de queue du chat pour un signe de contentement ou ne s'expliquent pas que leur animal ne réagisse pas quand on l'appelle, alors que l'espèce n'est pas forcément réceptive aux méthodes de dressage utilisées pour les chiens. Le rôle spécifique qu'il a joué dans la nature depuis son apparition a donné au chat des besoins différents de ceux des chiens. Ce livre est une introduction aux particularités de la pensée du chat et aux fondements de son comportement. Grâce à ces connaissances, la vie commune avec le vôtre vous apportera davantage de satisfaction, ainsi qu'à lui aussi.

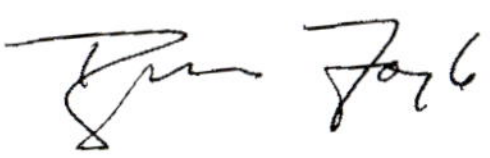

DR BRUCE FOGLE

Introduction

Les chats sont autosuffisants, maîtres d'eux-mêmes, indépendants, puissants, sensuels dans leurs mouvements et silencieux dans leurs déplacements. Le chat domestique est un animal magnifique, exceptionnellement bien formé, plus agile que le chien ou que toute autre espèce domestique. Seul l'âge diminue ses facultés et encore : partiellement. Pour aussi beau et attrayant qu'il soit, nous nous méprenons souvent à son sujet car, à la différence du chien, il est, par bien des côtés, très différent de nous.

Je me demande si nous voudrions vraiment savoir ce que les chats auraient à dire s'ils pouvaient parler. Lorsque nous vivons à leurs côtés, nous savons que pour quelques gentillesses prononcées, ou plutôt marmonnées, ils profèrent autant de jurons bien plus féroces. Par ailleurs, seuls quelques mots leur suffiraient pour communiquer, car les chats maîtrisent leurs émotions bien mieux que nous. Les chiens, quant à eux, seraient sans doute enclins à utiliser un florilège d'adjectifs.

UNE RELATION RÉCENTE

Les chiens, comme les êtres humains, sont des animaux sociables qui vivent en bandes. Ils entretiennent des rapports de dépendance avec leurs congénères et apprécient leur compagnie. Cela explique la série de signes de bienvenue, d'« approche », de langage corporel : les êtres humains sourient et agitent la main ; les chiens s'égayent, baissent les oreilles et remuent la queue.

Mais les chats ont une histoire différente. De chasseurs solitaires, ils se sont transformés ou, pour être plus précis, ils sont en passe de se transformer en une espèce plus sociable. Leur entrée dans la société humaine ne date que de 5 000 ans, bien après tout autre animal domestique. Depuis, leur nombre est resté élevé mais stable jusqu'à ce que, brusquement, dans la seconde moitié du siècle dernier, ils deviennent notre animal familier préféré. Plus populaires que les chiens dans la plupart des pays industrialisés, ils sont 80 millions dans l'Union

Beau, mais incompris
Dans l'histoire, le chat a connu une « mauvaise presse ». Heureusement, nous percevons un changement.

Un contact social précoce
Afin de tirer le meilleur parti du chat en tant qu'animal de compagnie, il est indispensable de le mettre en contact, dans les premières étapes de sa vie, à la fois avec des humains mais également avec d'autres espèces animales.

européenne et autant en Amérique du Nord. En comptant les millions de leurs congénères en Afrique, en Asie, en Amérique du Sud et Centrale, en Australie et en Océanie, plus de 200 millions de chats domestiques vivent avec les êtres humains et autant survivent par leurs propres moyens. Ce qui représente une réussite indéniable chez les félins.

Les chats domestiques sont répartis en deux groupes principaux : les animaux de compagnie qui vivent avec les humains et les chats harets (revenus à la vie sauvage). Les premiers, généralement élevés par nous, se sentent bien dans nos foyers et acceptent volontiers la nourriture et l'affection que nous leur donnons. Curieusement, les humains leur semblent moins menaçants que leurs congénères.

Les harets sont en fait des chats domestiques nés dans la nature et élevés hors de tout contact humain. Aucune différence génétique ne sépare les chats sauvages des chats de compagnie. Seule l'éducation dans leur prime enfance les distingue. Privés de contact humain régulier au cours des primordiales sept premières semaines de leur vie, ils conserveront toujours une crainte des humains. Si, durant cette période, ces contacts sont répétés, il se tissera entre le chaton et les humains une forte relation physique et émotionnelle.

UN COMPORTEMENT EN ÉVOLUTION

Le chat sauvage d'Afrique, ancêtre de nos chats familiers, était un chasseur solitaire. Cet instinct de la chasse est d'ailleurs resté intact chez le chat domestique. Mais lorsqu'il choisit de s'installer dans les campements humains, il se transforma en opportuniste n'hésitant pas à quémander. À l'état sauvage, les chatons cessent de jouer, lorsque s'imposent les préoccupations plus vitales comme chasser pour manger, se protéger et trouver un partenaire. Nos animaux de compagnie, dont les besoins quotidiens en nourriture, en sécurité

Chasseurs et opportunistes
En dépit de leur domestication, les chats peuvent redevenir des chasseurs hors pair et tuer rongeurs ou oiseaux, même quand ils n'en ont pas besoin.

Différences entre les races
La sélection artificielle ne modifie pas seulement l'apparence physique des chats, mais également leur personnalité.

et en chaleur sont pris en charge, n'ont pas besoin de devenir « adultes ». Souvent joueurs à l'âge adulte, ils demeurent d'éternels chatons, dépendant de leur famille humaine pour leur bien-être.

Il se crée davantage de races de chats aujourd'hui que jamais dans le passé, plus de 25 dans les 25 dernières années. Elles se distinguent par des particularités physiques visibles, comme la longueur du poil, sa texture ou sa couleur, mais également par d'autres dispositions. Ainsi, si le comportement de l'animal change avec l'âge, d'autres caractéristiques sont produites par la sélection artificielle : certaines races sont plus bruyantes, moins propres ou plus affectueuses avec les autres animaux domestiques. Certaines espèces vivent plus longtemps. Maintenant que nous partageons une forte intimité avec nos chats, la sélection artificielle n'a plus pour seul objectif de perpétuer des caractéristiques physiques désirées, mais également d'accentuer tel ou tel tempérament ou caractère particulier.

LE COMPORTEMENT DU CHAT

Le comportement du chat est parfois source d'incompréhension, d'autant que ses raisons d'agir sont souvent différentes des nôtres. Nous sommes fiers de lui et louons son intelligence lorsqu'on parvient à le dresser si facilement à l'utilisation de sa litière et nous sommes contrariés lorsqu'il se fait les griffes sur nos meubles. Cependant, il est normal et naturel, pour un chat d'avoir un lieu spécifique pour faire ses besoins et de marquer son territoire. Il nous arrive de confondre le comportement que nous souhaiterions à notre chat et celui que lui-même voudrait. Pour comprendre notre animal, retenons que son cerveau, certes constitué des mêmes composants que le nôtre, présente des formes d'intelligences différentes, certaines mieux développées, d'autres moins. La conception de l'hygiène personnelle des chats, par exemple, concept que les spécialistes nomment

Un animal propre
Vous êtes tout pardonné si vous croyez que, quand le chat ne dort pas, c'est qu'il se lave. Ces animaux ont en effet un sens aigu de la propreté.

« intra-personnel », est bien plus développée chez eux. Leur toilette, très régulière, ainsi que le nettoyage de leur territoire, se conforment à tout un rituel. Leur intelligence « spatiale », c'est-à-dire la capacité à cartographier mentalement leur territoire relativement grand, a diminué avec la domestication. Cela explique peut-être la taille du cerveau plus petite chez le chat domestique que chez son ancêtre sauvage d'Afrique. Ils ont ainsi une intelligence « kinesthésique » (connaissance du mouvement et des forces) supérieure à la nôtre. Observez un chat se préparant à bondir et constatez comment sa capacité à fournir juste ce qu'il faut d'énergie pour atterrir, ni trop loin, ni trop court de son objectif, est fantastique et intacte, malgré la domestication.

LA PENSÉE DU CHAT

Les chats pensent-ils réellement ? Bien sûr ! Il suffit d'observer la réaction de votre petit compagnon lorsque vous préparez son panier pour l'emmener chez le vétérinaire. Les chats éprouvent-ils des émotions ? La réponse est incontestablement oui. Leur attribuer des émotions telles que la jalousie ne relève pas de l'anthropomorphisme car, comme les humains, ils possèdent des neurochimiques et des régions du cerveau qui gouvernent les émotions. Si les chats savaient parler, que diraient-ils exactement ? Au fil des pages de ce livre, je mets les pensées du chat en parole. Le but est de plaisanter, mais aussi de rappeler plus sérieusement qu'ils éprouvent des sentiments. Chez le chat, l'égoïsme est un moteur bien plus puissant du comportement et des émotions que chez le chien ou l'être humain.

Chaque jour, sur la table d'auscultation de mon cabinet de vétérinaire, les chats me parlent. Souvent, ils expriment des choses que la décence ne permettrait pas de publier. Mais grâce au langage du corps, à leur activité et à leur comportement, ils sont très doués pour la communication. J'espère que ce livre vous aidera à comprendre ce qu'ils nous disent.

Le dire sans détours
Les chats sont incroyablement doués pour faire connaître leurs sentiments. Un coup de queue, un grincement de la voix, un coup de patte : chaque geste fait passer le message.

1 QU'EST-CE QU'UN CHAT ?

Le chat domestique est un séducteur. Alors qu'il n'était, au départ, qu'un petit carnivore d'Afrique relativement insignifiant, il s'est transformé, en un temps record, en notre animal de compagnie le plus répandu. L'Europe et l'Amérique du Nord comptent bien plus de chats de compagnie que de chiens et de nombreuses régions sont peuplées de tout autant de chats domestiques errants et d'harets survivant par leurs propres moyens, souvent sans aucune aide de leurs amis humains.

Des études génétiques confirment que toutes les races sont issues du chat sauvage d'Afrique. Contrairement à ce qui se disait, le chat sauvage européen et le félin de la jungle d'Afrique du Nord ne sont en rien impliqués dans l'évolution du chat domestique. Cette espèce sensuelle s'est « autodomestiquée » : son ancêtre a choisi de s'installer avec les êtres humains. Cela date seulement d'il y a 5 000 ans, une fraction de seconde à l'échelle de l'évolution. La modification qui a permis la domestication, un recul de la crainte des humains, est venue de l'animal lui-même. Cette mutation de l'impulsion « du combat ou de la fuite » s'est peut-être produite spontanément au sein d'une seule famille de chats sauvages d'Afrique. Grâce à la réussite de ce changement, les descendants de cette espèce se sont mis à vivre avec succès dans les campements humains, notamment dans les greniers à grains d'Égypte, territoire idéal pour la chasse aux petits rongeurs.

L'habileté du chat à protéger les réserves alimentaires contre les rongeurs et les foyers contre les serpents venimeux, alliée à sa beauté naturelle, à son

Variations sur un même thème
Le potentiel génétique du chat sauvage d'Afrique englobait toutes les sortes de robes et de couleurs connues chez les espèces actuelles, comme en témoigne cette sélection de chats Persan, Siamois, Persan Colourpoint et européen roux.

comportement souvent mystérieux et à sa fertilité, en ont fait un animal vénéré en Égypte. Ce qui lui a valu d'être recherché ailleurs.

Grâce au commerce, aux migrations et aux conquêtes, le chat domestiqué d'Afrique – maintenant « chat domestique » – a colonisé le monde méditerranéen, puis toute l'Europe et l'Asie. Cet animal autosuffisant, se nourrissant et se toilettant tout seul, très efficace contre les rongeurs, avait une valeur pratique et utilitaire. En Europe, dans la période qui suivit les croisades, le chat fut associé à l'islam et assimilé à la sorcellerie et au diable. L'animal et souvent son maître étaient persécutés.

Le chat domestique moderne a surmonté ces préjugés. Il a accompagné les premiers Européens aux Amériques, dans le sud de l'Afrique, en Australie et en Océanie. Partout, y compris dans les régions les plus isolées ou les îles les plus hostiles, il s'est adapté, a survécu et prospéré. De nos jours, il occupe tous les continents, à l'exception de l'Antarctique, et les principales îles de la planète.

La sélection artificielle, visant à obtenir un caractère plus amène, couplée à l'adaptation naturelle du chat, a maintenu cette espèce à l'âge de l'adolescence. Le chat moderne est un « éternel adolescent », élevé dans la dépendance à notre égard en ce qui concerne la nourriture et la protection. Dans les 100 dernières années, il a quitté la grange pour intégrer nos jardins, puis nos foyers et notre cœur. Il est à la fois dépendant et indépendant, satisfait de vivre à nos côtés, mais capable à tout moment, si cela s'avère nécessaire, de devenir adulte et de retourner à l'état sauvage.

Les ancêtres

TOUTES LES ESPÈCES actuelles de mammifères carnivores, dont le chat, sont issues d'une seule famille appelée « miacidés », florissante après la disparition des dinosaures, il y a environ 60 millions d'années. La taille de leur cerveau, plus grand que celui des autres carnivores, gage d'une meilleure adaptation au changement et expliquerait leur longévité. Ils étaient dotés d'un corps allongé et de courtes pattes.

L'ancêtre du chat, *Proailurus*, carnivore mi-chat, mi-civette, est issu des miacidés. Il y a 20 millions d'années apparut *Pseudaelurus*, descendant de *Proailurus*. Il marchait en s'appuyant sur les doigts et était armé d'une canine en dent de sabre. Ces deux espèces sont les premiers membres des Félidés, la famille moderne des chats, riche de huit lignées principales. La première était celle des panthères ; ensuite, vinrent celles des espèces plus petites, comme le chat de la baie de Bornéo, l'ocelot et, il y a 6,2 millions d'années, l'ancêtre direct de notre chat domestique (et de tous les petits chats sauvages d'Europe, d'Afrique et d'Asie), *Felis lunensis*, aujourd'hui disparu.

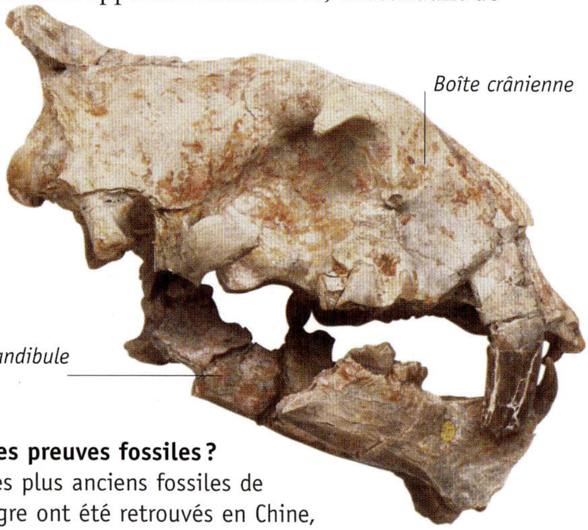

Des preuves fossiles ?
Les plus anciens fossiles de tigre ont été retrouvés en Chine, mais les premiers grands félins étaient répandus dans le monde entier. Les lions peuplaient même certaines parties des Amériques ainsi que la Sibérie. Les léopards et les jaguars se propagèrent dans toute l'Europe, en Asie, en Afrique et aux Amériques.

Un peu d'étymologie...

Le mot latin *cattus* a été utilisé pour la première fois, en Europe, au IVe siècle. Il est à l'origine des mots désignant le chat en français, en allemand *Katze*, en anglais *cat*, en scandinave *kat* ou *katt*, en italien *gatto*, en espagnol ou en portugais *gato* et en slave *kot*, *kotka* et *kochka*. L'origine du terme latin demeure incertaine, mais il serait sans doute dérivé de l'arabe *quttah* ou du copte égyptien *chau*. Le mot de « tabbie » viendrait du mot « atabi », motif rayé sur des étoffes tissées par des artisans de la soie dans la région d'Attabie, proche de Bagdad, en Irak, et « puss » de Pasht ou Bast, nom de la déesse égyptienne à tête de chat.

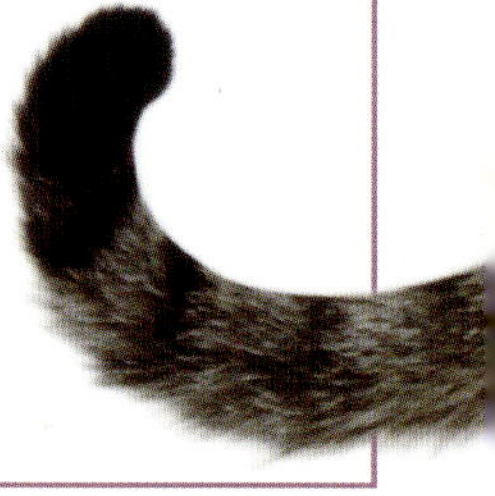

Des régions privées de chats
Avant que l'homme n'emmène le chat domestique sur les routes du commerce, certaines parties du monde étaient non colonisées par les félins : ainsi l'Australie, séparée du reste du monde 85 millions d'années environ avant l'apparition du chat, et qui avait pour petit prédateur le « dasyure tigre » ou « chat marsupial », *Dasyurus maculatus* (à gauche) ; de même l'Amérique du Nord, qui était occupée par la famille des Mustélidés, dont les visons et les putois.

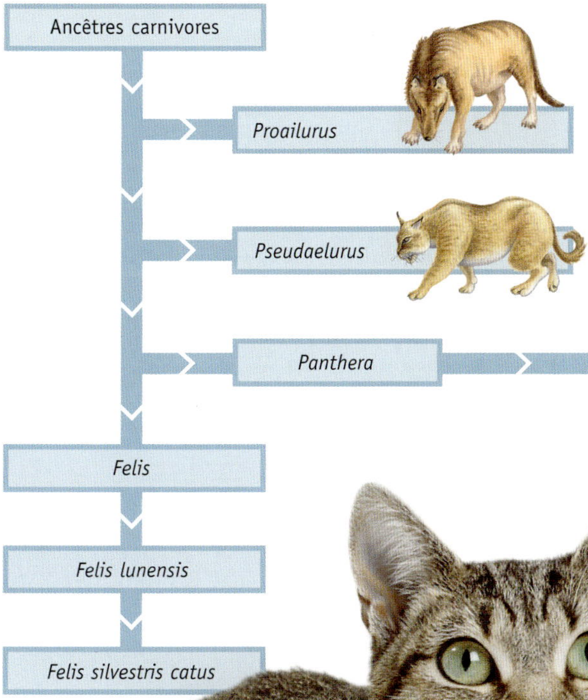

L'évolution du chat

Les experts sont en désaccord sur les détails exacts de l'évolution féline. Mais à en croire les fossiles, il y aurait un lien direct entre certains carnivores des forêts des temps anciens et les espèces plus tardives, proches des chats, telles *Proailurus* et *Pseudaelurus*. La lignée *Panthera*, celle des lions et des panthères modernes, est apparue il y a environ 10,8 millions d'années, alors que celle du genre propre au chat, *Felis*, ne date que de 6,2 millions d'années.

Les lions existaient déjà il y a plus de 3 millions d'années

Le chat domestique

Les biologistes se sont longtemps interrogés sur l'origine du chat domestique (*Felis silvestris catus*). Est-il totalement issu du chat sauvage d'Afrique (*Felis silvestris lybica*) ou bien le chat sauvage d'Europe (*Felis silvestris europeus*) a-t-il également joué un rôle ? Selon de récentes études ADN effectuées en Italie sur les trois espèces, le chat domestique descend exclusivement du chat sauvage d'Afrique.

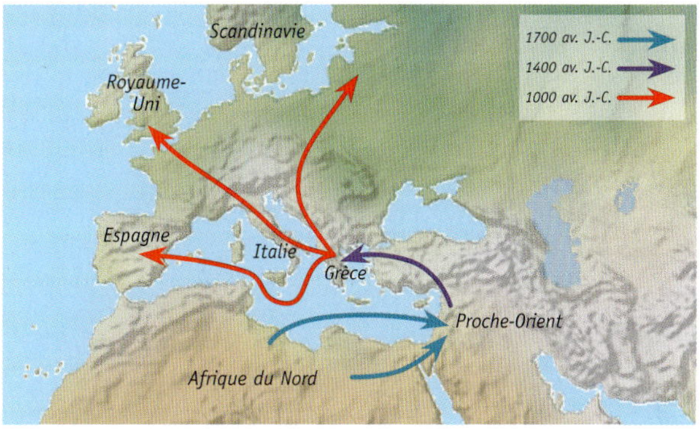

Se répartir et conquérir

Les commerçants phéniciens furent les premiers à exporter d'Afrique de nombreux félins domestiqués. Les chats arrivèrent en Israël et Palestine (d'aujourd'hui) il y a plus de 3 700 ans, et en Grèce quelques siècles plus tard. Il y a 3 000 ans, ils avaient colonisé le pourtour méditerranéen.

L'évolution du chat

DESCENDANT DU CHAT SAUVAGE D'AFRIQUE, notre compagnon familier conserve des instincts et un comportement semblables à ceux de ses ancêtres. Capable de s'adapter extrêmement facilement et de répondre à des situations inédites, le chat sauvage n'a pas peur des êtres humains. Il dispose, au contraire, d'une capacité naturelle à vivre à leurs côtés. Il s'est d'ailleurs laissé domestiquer il y a des milliers d'années, abandonnant sans regret sa vie de chasseur solitaire. Le chat sauvage d'Afrique a un pelage court composé de deux sortes de poils : le sous-poil court et fin et le poil du dessus, les jarres, plus épais et plus long. La plupart des espèces à poil long sont issues de sélections génétiques qui ont favorisé la pousse du sous-poil. Or, lorsqu'il est long, ce poil s'emmêle facilement. Chez le chat norvégien des forêts et le Maine Coon, espèces à poil long, la fourrure ne s'emmêle pas et le chat survit très bien sans brossage.

La compagnie des humains
Ancêtre de notre chat domestique, le chat sauvage d'Afrique est attiré par les campements humains, où il peut profiter des restes.

« Oui, j'ai plein de poils et je suis sauvage ! »

L'instinct de la chasse
Malgré sa domestication, le chat a conservé toute sa capacité à l'autosuffisance. Ainsi, le chat norvégien des forêts, descendant d'espèces domestiquées issues du chat sauvage d'Afrique, est retourné à l'état sauvage et survit parfaitement de la chasse.

« Sauvage, moi? C'est peu dire ! »

La survie en solitaire
Farouche et solitaire, le chat sauvage européen ne possède pas le potentiel génétique pour infléchir son comportement et s'adapter à la vie aux côtés des humains. Impossible à apprivoiser, il n'a produit aucune espèce domestiquée.

Le Maine Coon
Mon chat domestique, Milly, est un Maine Coon descendant des robustes chats de ferme américains. Son pelage épais le protège des climats rigoureux. Sa grande taille lui permet d'attraper des lapins, une proie abondante.

La domestication

LORSQU'IL CHOISIT de vivre aux abords des campements humains, le chat sauvage d'Afrique abandonna progressivement la chasse pour vivre des restes. Les villages lui apportaient sa source d'alimentation principale et les souris ou les rats, qui infestaient les greniers à céréales, servaient de complément. Les plus doux de ces animaux, ceux qui mendiaient leur nourriture, finirent par être adoptés comme animaux familiers. Ainsi débutaient la domestication et la sélection artificielle.

Profitant des avantages incomparables offerts par la fréquentation des humains, le chat sauvage s'est volontiers laissé apprivoiser. Nos chats domestiques attendent de nous des repas réguliers ; plus rien ne les oblige à être de bons chasseurs. Pour notre part, nous apprécions leur dépendance toujours plus grande à notre égard : l'intervention dans la reproduction favorisant ce comportement et entraînant la régression des capacités de chasseur.

Un survivant discret
Les chats étaient une espèce vilipendée dans la péninsule de Singapour. Ils devinrent alors de petites bêtes chétives se nourrissant discrètement dans les poubelles.

Farouche !
Certes très mignon, ce chaton sauvage, jamais touché par un humain, a réagi avec agressivité au premier contact. Il s'est par la suite détendu et révélé parfaitement apprivoisable.

S'adapter aux circonstances

Il n'existe pas de différences fondamentales entre les chats sauvages et domestiques. Ce dernier est doté d'un tube digestif plus long, adapté à un régime plus varié, et il acquiert parfois des goûts surprenants sous l'influence humaine.

Un mendiant efficace

Très tôt, le chaton apprend à exiger la tétée de sa mère. Adulte, il conserve ce comportement, comme en témoigne cette mère chat qui miaule et se dresse pour revendiquer son repas des mains de son maître. Le chaton apprend à survivre en imitant sa mère.

Les zones de l'intelligence

EXCELLENT CHASSEUR, les mécanismes de perception du chat sont très développés. L'ensemble des sens et des glandes productrices d'hormones envoient des informations au cerveau qui les interprète afin de pouvoir commander une réponse à l'organisme. Son système nerveux lui permet de réagir quasi instantanément à une stimulation extérieure. L'encéphale transmet également des instructions à la glande maîtresse du système hormonal, l'hypophyse, située à la base du cerveau.

Bien qu'il ne représente que 1 % du poids du corps, l'encéphale reçoit 20 % du sang pompé par le cœur, car l'activité cérébrale consomme beaucoup d'énergie. Celui du chat est composé de milliards de cellules spécialisées (des neurones) et les messages s'y déplacent à une vitesse de près de 390 km/h.

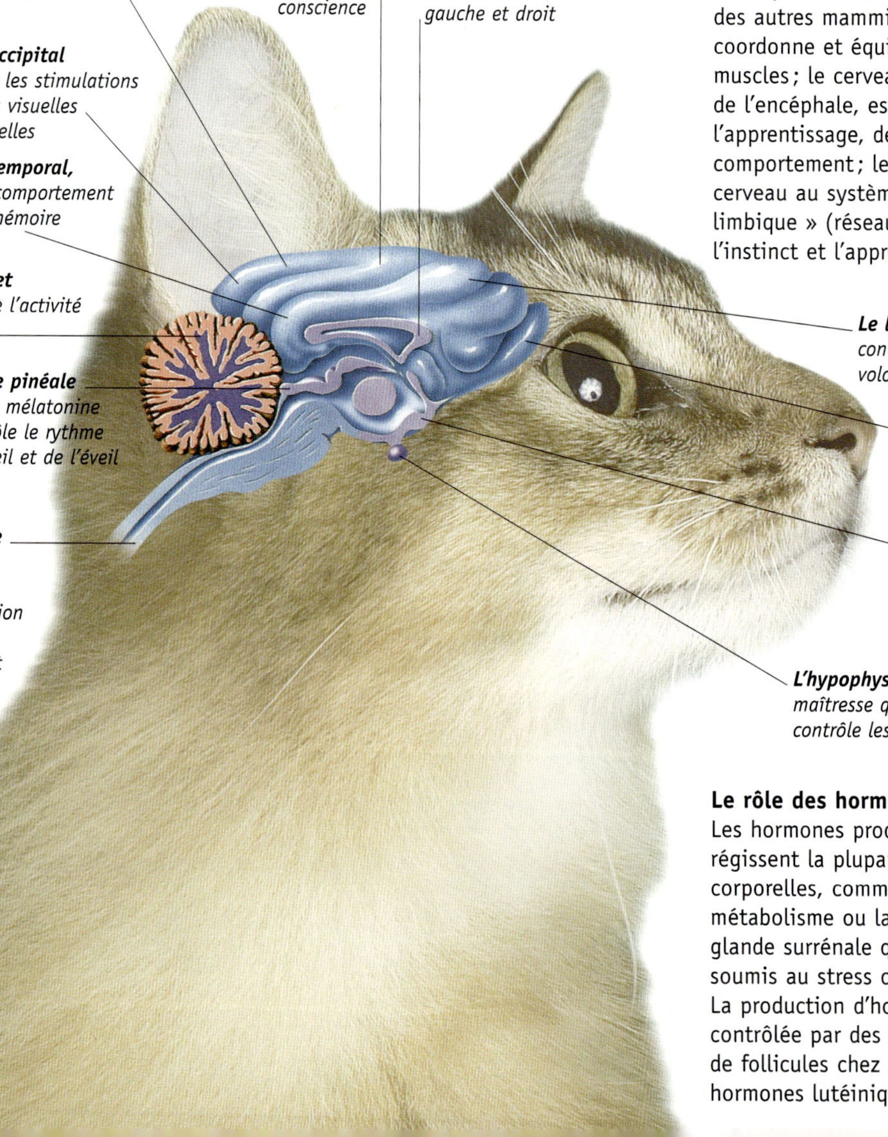

L'anatomie de l'encéphale

L'encéphale du chat est semblable à celui des autres mammifères. Le cervelet coordonne et équilibre le mouvement des muscles ; le cerveau, la plus grande partie de l'encéphale, est le siège de l'apprentissage, de l'émotion et du comportement ; le tronc cérébral relie le cerveau au système nerveux. Le « système limbique » (réseau de cellules) intègrerait l'instinct et l'apprentissage.

Le rôle des hormones

Les hormones produites par l'encéphale régissent la plupart des fonctions corporelles, comme le contrôle du métabolisme ou la stimulation de la glande surrénale qui agit sur l'organisme soumis au stress ou à la peur.

La production d'hormones sexuelles est contrôlée par des hormones stimulantes de follicules chez la femelle et des hormones lutéiniques chez le mâle.

Les chats pensent-ils ?

Le Docteur Temple Grandin, spécialiste du comportement animal à l'école vétérinaire de l'Université de l' État du Colorado, aux États-Unis, est atteinte d'autisme, affection neurologique caractérisée par le repli sur soi. Elle affirme que ce handicap lui donne une compréhension exceptionnelle de l'esprit félin. Selon elle, la pensée du chat s'appuie probablement, tout comme celle de nombreux autistes, sur les sens, les images et la mémoire des odeurs et des sons. Le chat, et particulièrement le chaton, apprend par l'observation. Les chatons qui observent leur mère capturer et tuer des souris deviennent de meilleurs chasseurs de souris que ceux qui n'en ont pas l'occasion.

L'étude de l'intelligence

Les scientifiques commencent à accepter l'idée qu'il existe de multiples formes d'intelligence. Chez les êtres humains, l'intelligence se manifeste de huit façons différentes :

1. Linguistique
2. Logique-mathématique
3. Musicale
4. Spatiale
5. Corporelle-kinesthésique
6. Naturaliste
7. Interpersonnelle
8. Intrapersonnelle

Cette analyse de l'intelligence humaine s'applique également à l'étude des chats. Les cinq dernières formes peuvent décrire l'intelligence féline. À mon avis, le cerveau du chat est doté de centres d'apprentissage qui favorisent ces capacités. Par exemple :

- Une excellente capacité à cartographier des territoires relativement étendus – forme 4
- Une connaissance naturelle du mouvement et des forces (mécanique) – forme 5
- Une capacité à choisir un lieu de vie, du point de vue de la sécurité et de la productivité – forme 6
- Une conscience aiguë du danger, de l'autodéfense et de la prudence – forme 6
- Une capacité à connaître et à mémoriser ce qui peut être consommé ou pas – forme 6
- Une compréhension innée du comportement des autres espèces, y compris pour prévoir leurs réactions face à leurs actions initiales – forme 7
- Une tendance naturelle à surveiller, examiner et marquer son territoire – forme 7
- Une acceptation du rôle de la parenté (la relation maternelle surtout) – forme 7
- Un sens de l'hygiène – forme 8.

La dextérité physique
Plus que toute autre espèce domestiquée, le chat dispose d'excellentes capacités motrices destinées à maîtriser les muscles de ses pattes. Le chat attrape et tient toute chose avec ses griffes rétractiles et non avec un pouce opposable.

La sélection des races

LE DESCENDANT du chat sauvage d'Afrique a commencé à être chéri comme animal de compagnie dans sa région d'origine vers 1 000 ans av. J.-C. Puis les marchands découvrirent que c'était un compagnon de voyage fort utile, capable de décimer les colonies de rats infestant les navires, et une denrée intéressante qui se vendait à bon prix dans les contrées étrangères. L'espèce se répandit ainsi largement dans le monde, au rythme des routes marchandes. La reproduction se limitant forcément aux individus du groupe importé, les caractéristiques physiques et comportementales sélectionnées à l'origine par les marchands se perpétuaient. Ils choisissaient souvent des chats à la robe bleue, chocolat et autres non-agoutis (c'est-à-dire composée de poils de couleur uniforme de la racine à l'extrémité). Peut-être ceux-là étaient-ils les moins craintifs envers les êtres humains et les moins agressifs. Ces animaux se reproduisirent entre eux dans leur nouvel environnement, favorisant des caractères plus souples et plus apprivoisés.

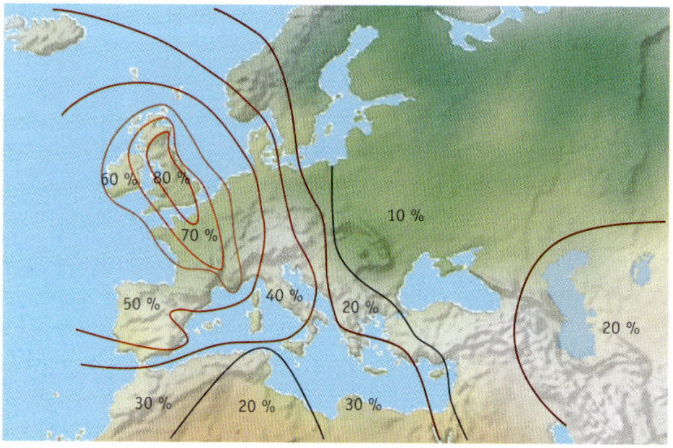

La lignée des tigrés
Les chats tigrés représentent moins de 20 % des chats d'Afrique. L'occurrence de ce motif augmente à mesure que l'on suit les anciennes routes commerciales et atteint 80 % en Grande-Bretagne, la fin de ces routes.

Robe rare dans le nord de l'Afrique

Le tigré à rayures
Le Mackerel ou tigré à rayures est peu répandu, bien que sa robe soit le motif original du chat domestique d'Afrique. La plupart des tigrés actuels ont en plus des taches.

Le tigré tacheté
Ce motif tigré est inhabituel au nord de l'Afrique. Les marchands sélectionnaient les chats aux robes les plus inattendues pour les emporter sur leurs vaisseaux.

En suivant les routes commerciales
Le chat sauvage d'Afrique est l'ancêtre de descendants aux robes très variées, comme ce chat au poil bleu et roux. Plus la destination du marchand était éloignée du nord de l'Afrique, plus les couleurs inhabituelles étaient répandues.

La fourrure unie
À l'origine, les chats de couleur uniforme étaient rares mais, grâce à la sélection artificielle, ils sont aujourd'hui assez communs. La couleur peut être franche ou bien composée d'un mélange présentant un aspect « fumé ».

Les lois de la génétique

Selon une loi élémentaire de la génétique, la fréquence relative d'une caractéristique, dans des populations qui se reproduisent au hasard, demeure constante d'une génération à l'autre. Mais au sein d'une petite population isolée, un phénomène, appelé « dérive génétique », produit une modification progressive de la fréquence d'un gène. Parmi les premiers chats introduits sur la côte ouest de la Norvège, certains présentaient une fourrure originale, faite d'une combinaison de blanc et de roux. L'effet fondateur accentua la fréquence de cette robe.

Dépourvu de queue
Certains des premiers chats introduits au Japon n'avaient pas de queue. Ce gène donna naissance au Bobtail japonais.

Une difformité inoffensive
Les chats polydactyles sont dotés de doigts supplémentaires (jusqu'à sept), aux pattes avant.

Qu'est-ce que l'intelligence ?

FACILE À ÉVOQUER, l'intelligence féline est difficile à définir. Les psychologues spécialistes des sciences cognitives proposent diverses théories sur les différentes formes d'intelligence. Il est possible de s'en inspirer pour déterminer le degré d'intelligence du chat. Certains spécialistes du comportement estiment que le chat « pense » en devinant à partir d'images et de mémorisation d'odeurs et de sons. Il a été prouvé que les chatons apprennent en observant. Ceux qui ont l'occasion, par exemple, d'observer leur mère capturer et tuer des souris deviennent de meilleurs chasseurs.

Émotions fondamentales

Dans le livre *Affective science : The Foundation of Human and Animal Emotions*, le professeur Jaak Panksepp étudie les émotions fondamentales, ou « mécanismes instinctifs », de la rage, de la peur, de l'angoisse de la séparation, du jeu, de la convoitise et des soins maternels dans le cerveau d'un petit mammifère. Selon lui, le jeu provoque l'émission d'opioïdes dans le cerveau et le comportement ludique entraîne une croissance du lobe frontal. D'après ses travaux, les systèmes chimiques du cerveau régulent les émotions, les sentiments et les liens sociaux.

Le poil ras est plus proche des robes originelles d'Afrique

« J'ai bien chaud, y compris en hiver. »

Les chats à poil long sont adaptés à des climats plus froids

L'intelligence de s'adapter
Il y a quelque 4 000 ans, les chats domestiques étaient concentrés dans une petite région du nord de l'Afrique. Les marchands commencèrent à les exporter il y a environ 3 000 ans et ceux qui survécurent étaient les individus capables de s'adapter aux exigences d'un nouvel environnement. La longueur du poil est une des manifestations les plus visibles de cette capacité d'adaptation.

Le sommeil et le rêve
Lorsqu'il dort, votre chat peut remuer les pattes ou la moustache, donner un coup de queue et même grogner ou grommeler. Pendant son sommeil profond, les impulsions électriques de son cerveau sont aussi actives qu'en état d'éveil, il est donc probable qu'il rêve comme nous. En moyenne, il se repose 18 heures par jour. Ce serait durant ces périodes qu'il réviserait ses comportements, par exemple pour les réactions de combat ou de fuite.

Une conscience de l'espace
En ce qui concerne la conscience spatiale (l'intelligence corporelle kinesthésique et naturaliste), les chats sont bien plus « intelligents » que nous ou que notre autre compagnon favori, le chien.

L'instinct maternel
Chez le chat, comme chez tous les mammifères, l'attachement de la mère à ses petits est instinctif. Nourrir, lécher et porter les petits sont des actes qui relèvent de l'intelligence.

2 FONDER UNE FAMILLE

Alors que la plupart des chiens naissent dans des chenils, la majorité des chatons viennent au monde dans nos foyers, au sein de portées non planifiées. Il en résulte une quantité croissante de chatons cherchant un foyer. Ces naissances nous placent, nous et nos familles, aux premières loges devant le spectacle de la nature, nous offrant une opportunité incomparable d'observer la maternité et l'évolution de chatons sans défense qui acquièrent en trois mois une effarante dextérité.

S'il nous arrive parfois d'entendre l'accouplement des chats, il est par contre rare d'en être témoin. La femelle encourage les mâles en poussant des appels rauques et en se livrant à des contorsions préliminaires. Plusieurs accouplements sont nécessaires pour provoquer l'ovulation et, si la chatte n'est pas fécondée, un nouveau cycle de chaleur se déclenchera quelques semaines plus tard. La gestation est souvent peu visible. Au cours du premier mois, seul en témoigne le rosissement des mamelles puis, le deuxième mois, son ventre commence à grossir. Les 60 jours qui suivent l'accouplement, elle cherche un lieu à l'abri pour mettre bas. Dans nos foyers, elle choisira une armoire ou la protection d'un canapé. La mise bas se déroule en silence. Au fur et à mesure que sortent les chatons, elle lèche la membrane qui les recouvre afin qu'ils puissent prendre leur première inspiration, sectionne le cordon ombilical avec les dents, mange le placenta, lèche les chatons pour les sécher et les aide à trouver son lait. Quelques jours

Une mère naturelle
Grâce à son « instinct », à son anatomie cérébrale bien réglée, cette chatte sait exactement quel comportement adopter pour être une bonne mère. Et les hormones jouent leur rôle en déclenchant la montée de lait et un sentiment de sérénité.

plus tard, elle déménage toute la portée dans une nouvelle cache, loin des odeurs de la naissance.

Les chats ne sont pas naturellement sociables entre eux, descendant d'un chasseur solitaire. Ils vivent en meutes durant les seuls six premiers mois de leur vie, respectant un ordre social composé de leurs mère, frères et sœurs. Au cours de cette expérience, certains deviennent dominants, d'autres sont parfois traités en parias et se voient refuser l'accès à la nourriture par la famille. Dans la nature, ces « exclus » meurent, mais grâce à notre intervention ils parviennent à survivre et deviennent des compagnons affectueux. Au bout de six semaines, la portée commence à plus harceler la mère. Elle leur refuse la nourriture, sévit avec force contre l'agressivité (notamment des chatons mâles) et sème les graines de la désintégration à venir de la « meute », qui se produira lorsque les chatons mâles seront repoussés.

À la naissance, les chatons sont sans défense. Ils ne possèdent que quelques sens rudimentaires, mais ils évoluent très vite. À six semaines, le goût, l'odorat et la vue sont bien développés. C'est la période la plus favorable à l'apprentissage, qui se fait par l'observation du comportement de la mère essentiellement. À douze semaines, l'équilibre et l'agilité sont remarquablement ancrés. Alors que les chiots restent très maladroits pendant plusieurs mois, les chatons sont maintenant capables de vivre dans un monde en trois dimensions, de grimper et de marcher sur des rebords étroits, puis de sauter pour descendre. Ils peuvent traquer une proie, échapper au danger, et être également capables de beaucoup de diableries !

Une meute éphémère
Le chat domestique adulte a toujours mené une vie indépendante. La période de la portée est le seul moment où s'établit un ordre social, déterminé par le chaton qui obtient le mamelon le plus productif.

Le choix du partenaire

LES MARIAGES ARRANGÉS sont aujourd'hui la norme pour la plupart des chats de race pure, mais dans la nature, c'est à la femelle de choisir un mâle. Les matous se livrent des combats sanglants pour obtenir les faveurs de la femelle réceptive qui, pour sa part, peut tout autant élire le perdant comme père pour ses petits. Au début du printemps, la chatte connaît généralement plusieurs cycles de réceptivité sexuelle de dix jours, stimulés par l'allongement des journées. En appartement, à cause de la lumière artificielle, les chaleurs peuvent survenir à n'importe quel moment de l'année. Lors de la phase réceptive, la personnalité de la femelle se transforme : elle devient affectueuse et lascive.

« Je suis superbe et tu me désires. »

1 Les signes de la disponibilité Cette femelle signale sa disponibilité en se roulant par terre de façon provocante. Les chattes se manifestent également en pétrissant le sol avec les pattes avant et en émettant des plaintes rauques.

La chatte est détendue mais pas encore prête pour l'accouplement

2 Une tentative d'approche Le mâle s'approche avec précaution, ni trop près, ni trop vite, alors que la femelle continue à se rouler par terre. Elle pourrait encore s'enfuir. Il évite aussi le contact des yeux, car la chatte pourrait lui lancer un coup de griffe.

3 Une séance de décontraction Pour décontracter la chatte et éviter qu'elle ne réponde à ses avances avec agressivité, le matou la lèche derrière les oreilles. L'initiative de l'accouplement dépend entièrement de la femelle.

4 **L'excitation sexuelle**
Séduite par le toilettage, la femelle se retourne et s'étire. Elle relève alors l'arrière-train et met la queue de côté. Si le mâle la touche sans y être invité, elle peut encore le rejeter.

5 **La confirmation de la réceptivité**
Le mâle s'assure que la femelle est entièrement réceptive en reniflant les odeurs dégagées par son vagin et son urine. Les préparatifs de l'accouplement sont très longs, mais l'accouplement lui-même est très rapide.

L'accouplement

LES CHATS ne forment pas de couples permanents. Une fois l'accouplement terminé, la femelle n'a que faire du mâle. Elle n'est pas monogame de nature et, si plusieurs beaux partis se présentent, elle s'accouplera peut-être avec chacun. Chez le chat, à la différence des autres espèces domestiques, l'ovulation est provoquée : l'accouplement stimule la modification d'hormone responsable de l'ovulation. Plus il y a d'accouplements, plus l'ovule a de chances d'être fécondé.

1 Se mettre en position
Les oreilles en arrière, la femelle semble inquiète lorsque commence l'accouplement. Le matou grimpe sur elle avec précaution, ouvrant grand la gueule, prêt à agripper la femelle par la nuque afin d'éviter toute attaque de sa part.

« Je suis sur le point de t'agripper par la nuque. »

2 La pénétration
Au-dessus de la femelle, le mâle « pédale » avec les pattes arrière, puis donne quelques courts coups de rein. En quelques secondes, tout est fini, mais il doit maintenir la nuque pour éviter toute attaque de sa partenaire.

3 Le retrait
La femelle pousse un cri strident lorsque le mâle se retire. Son pénis est hérissé de papilles cornées irritantes destinées à stimuler la chaîne de réactions nerveuses et hormonales à l'origine de l'ovulation.

4 L'appréhension du mâle
Lorsque la femelle pousse son cri strident, le mâle se désengage très vite et se met hors de portée. Il arrive souvent à sa partenaire de lui donner un coup de griffe dès qu'il desserre son étreinte sur le cou.

Partenaires...

Les chats s'accouplent jusqu'à dix fois par heure. Seul l'épuisement du matou met fin aux ébats ; un autre prétendant prend parfois le relai ou une succession de mâles attendent leur tour. Chacun fait ses avances au début des accouplements, sans aucune garantie de succès. Après une série de coïts avec l'un, la femelle convoque le suivant avec des poses provocantes. Les ovules descendent des ovaires 24 heures après un accouplement réussi.

5 Se détendre ensemble
Après l'accouplement, la femelle autorise le mâle à s'asseoir à ses côtés. Ils feront leur toilette avant de recommencer.

« Hum, elle me laisse même rester à ses côtés. »

« Mais oui, tu peux rester là… pour le moment. »

La gestation

DURANT SA GROSSESSE, votre chatte doit mener une vie normale. Au début, elle peut s'aventurer dehors sans problème et chasser. Lorsqu'elle commence à s'arrondir, il devient dangereux pour elle de grimper, car le poids de ses petits modifie son centre de gravité et son équilibre. Une chatte pleine est instinctivement plus prudente, mais elle s'adapte mieux à sa condition si elle est expérimentée. La hausse du taux de progestérone entraîne un « comportement maternel » chez la future mère qui passe plus de temps à se reposer. À l'approche de son terme, le taux d'œstrogène augmente et elle commence à chercher un nid où mettre bas.

« Non, je ne suis pas grosse ! J'attends des petits. »

La grossesse est flagrante chez cette chatte orientale à poil ras, naturellement élancée

Des signes évidents
Le gros ventre se voit distinctement sur cette future mère orientale à poil ras, en bonne santé, et naturellement élancée. La portée comporte en moyenne quatre chatons, mais chez cette race, elle est souvent plus nombreuse.

Ce qui ne trompe pas

Avant même que votre chatte ne prenne du poids, son appétit augmente et elle devient moins active. Près de son terme, elle fera plus souvent sa toilette, soignant particulièrement l'abdomen et les parties génitales. À l'approche de la mise bas, elle passera davantage de temps dans le nid choisi, l'imprégnant de son odeur. Cela permettra à ses chatons de s'orienter.

Les pupilles rétrécies en signe de décontraction

« Pas moyen de trouver une position confortable ! »

Son gros ventre donne une forme de poire à la femelle

Conserver de la force
Afin de conserver de l'énergie pour la mise bas, la future mère s'assied et se couche plus souvent qu'avant. Un taux plus élevé de progestérone, l'hormone de la grossesse, est à l'origine de ce comportement détendu et maternel.

Confortablement installée
La future mère prend une position adéquate, en répartissant bien le poids de son ventre sur le sol. Elle continue ses activités avec prudence, jusqu'à ce qu'un changement hormonal lui impose de se reposer davantage.

Le chaton dans le ventre de sa mère

Si vous pensez que votre chatte est pleine, vous pouvez en avoir la confirmation grâce au rosissement de ses mamelons et au renflement de son ventre. Quatre à cinq semaines après la conception, vous pourrez sentir des gonflements de la taille d'une balle de golf. Soyez très délicat à l'examen, car appuyer sur le ventre peut endommager l'embryon voire provoquer une fausse couche. Le comportement maternel de l'animal est une indication supplémentaire. La gestation dure neuf semaines. Vers le milieu du terme, l'embryon est déjà un chaton miniature, parfaitement formé. Ensuite, il prend rapidement du poids et atteint 100 g à la naissance.

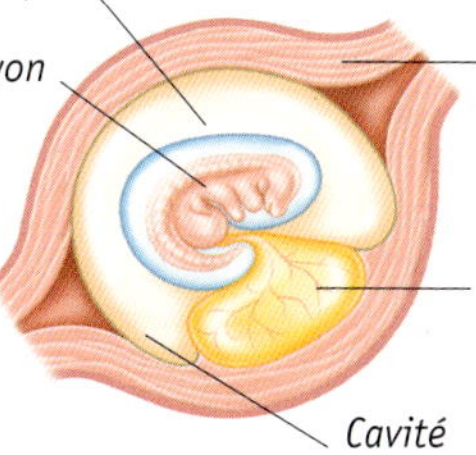

À 16 jours
L'embryon baigne dans un liquide et est relié aux parois de l'utérus.

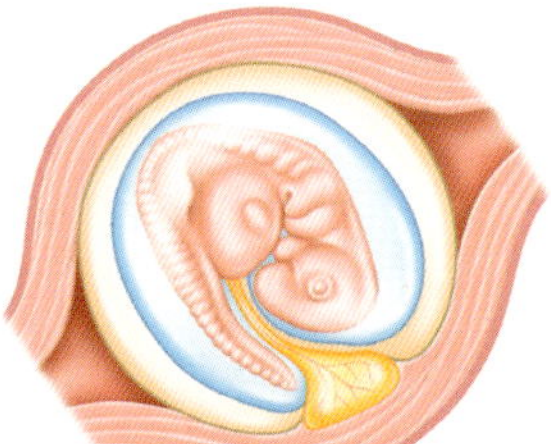

À 18 jours
La tête, la colonne vertébrale et la queue sont visibles. L'embryon se nourrit grâce au sac vitellin.

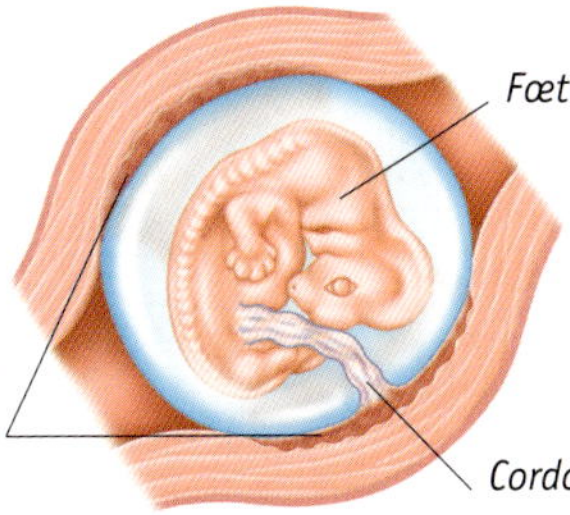

À 21 jours
Les membres commencent à se former, tout comme les yeux. La nourriture parvient par le cordon ombilical.

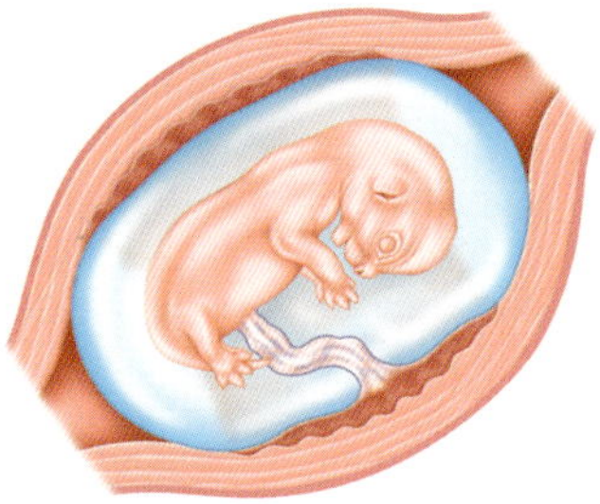

À 28 jours
Les organes internes sont formés. Le minuscule chaton mesure environ 2,5 cm de long.

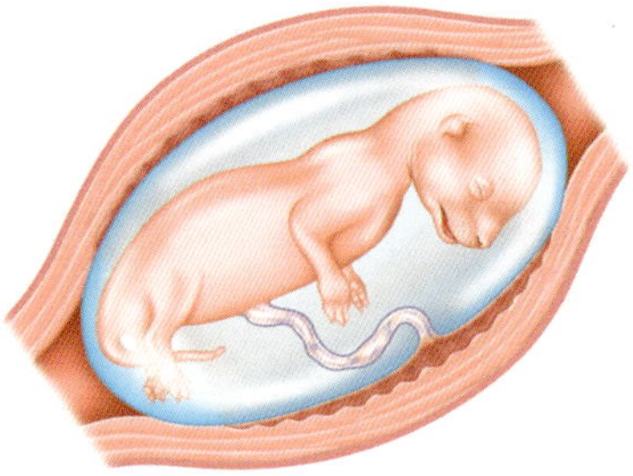

À 35 jours
Le fœtus grandit rapidement et atteint maintenant 6 cm.

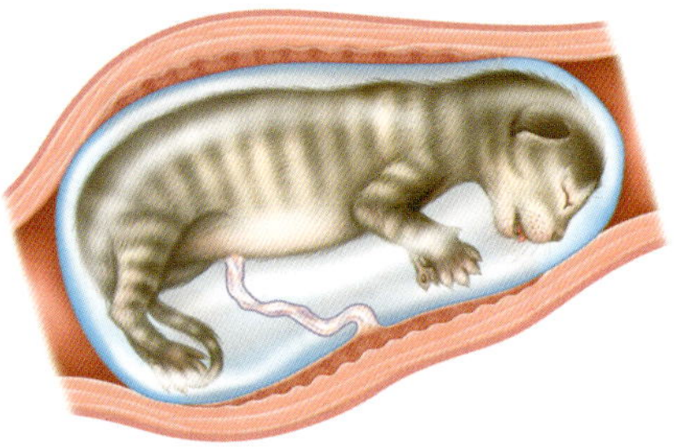

À 63 jours
Le chaton est prêt à sortir. Dans les derniers 28 jours, sa taille a doublé.

La mise bas

LES MISES BAS difficiles sont exceptionnelles. Entre 60 et 70 jours après l'accouplement, l'horloge interne de la mère modifie sa production d'hormones et le travail commence. Elle rejoint son repaire, un coin retiré, chaud, avec une surface qu'elle pourra creuser. Sa respiration s'accélère et elle se met parfois à ronronner régulièrement. Durant le travail, il se produit parfois un écoulement vaginal. Peu après, la chatte se met à pousser. Des contractions espacées de 30 secondes signalent une mise bas imminente. La plupart des mères en bonne santé se débrouillent très bien sans notre aide.

« Pas besoin de faire tout ce cinéma, je me débrouille. »

1 Le début du travail Le chaton commence à émerger dans une enveloppe lubrifiée. La mère a une bonne maîtrise de ses muscles abdominaux et se concentre sur la poussée pour faire sortir le petit. Puis elle lève la patte pour le laisser passer.

2 La naissance Le chaton est né. La douleur du travail s'apaise et la mère peut alors se pencher pour retirer la poche amniotique avec la langue. Lécher est une réaction instinctive. Le chaton sort dans une position de « plongeon », tête et pattes en avant. 70 % d'entre eux environ naissent ainsi.

3 Le nettoyage
La mère nettoie la zone autour du nouveau-né et mange la poche amniotique. Elle lèche le chaton sans défense pour le sécher afin qu'il n'attrape pas froid. Il est toujours relié au cordon ombilical.

« Commençons par te nettoyer un peu. »

La mère lèche le museau pour retirer les mucosités et stimuler la respiration

4 Le coup de langue salvateur
La mère lèche maintenant le museau du chaton pour dégager sa gueule et son nez des mucosités. Son coup de langue est intentionnellement vigoureux et un peu brutal pour provoquer une inspiration chez le chaton. Les poumons du petit se gonfleront et la respiration débutera tout naturellement.

Les chatons s'orientent grâce à des récepteurs de chaleur sur la tête

La capacité à s'orienter en l'air se développe dans le ventre de la mère

5 Dissimuler les indices
Après chaque naissance, la mère se prépare pour l'arrivée du prochain chaton. Elle se lèche le ventre, les parties génitales, et même le sol, pour les débarrasser des liquides fœtaux. Pour le moment, elle ne s'occupe pas des petits déjà nés.

Après la naissance

LES PREMIÈRES PORTÉES sont généralement plus petites que les suivantes. C'est une réalité bien pratique, car la mère n'a que son instinct pour se guider la première fois. Elle sait comment s'y prendre avec ses chatons nouveau nés (et un peu plus vieux), car les réactions maternelles sont instinctives et inscrites dans son cerveau. Les mises bas suivantes sont d'autant plus efficaces que la chatte ne s'appuie pas seulement sur cet instinct, mais également sur son expérience. Les mères expérimentées sont mieux armées pour faire face à des portées importantes, comme celle-ci.

« Ah ! la, la ! il y a tant à faire ! »

1 Deux tâches à mener de front
Relâchant son attention, la mère lèche un chaton pendant qu'un autre sort. Ce sera bientôt le tour du dernier-né, qu'elle débarrassera de son enveloppe avec la langue. Plus les chattes ont d'expérience, plus elles assument la mise bas avec efficacité.

L'infanticide

L'infanticide, le meurtre de petits de sa propre espèce, est terrible, mais c'est un comportement naturel chez certaines espèces, dont des félins. Chez le lion, où le phénomène a été amplement étudié, il est fréquent, normal même, pour un mâle qui s'empare d'un harem de tuer les rejetons engendrés par des concurrents. Cela n'existe pas chez le chat domestique, malgré quelques anecdotes. Ce comportement n'a même aucun fondement puisqu'une même portée peut être engendrée par plusieurs mâles.

2 L'ingestion du placenta
La mère ingère le placenta expulsé pour dissimuler toute trace de naissance aux prédateurs. Très nutritif, il compense l'absence de nourriture pendant les jours où elle ne quitte pas ses chatons.

3 Sectionner le cordon ombilical
La mère sectionne le cordon ombilical à 2,5 cm du corps du nouveau-né, avec les dents carnassières, situées sur le côté. Si elle est inexpérimentée, elle aura peut-être besoin d'aide. Elle nettoie ensuite toutes les sécrétions.

« Mes chatons dépendent de moi. »

4 Le premier repas
Parfois, avant même que le dernier chaton ne soit sorti, la mère s'enroule en fer à cheval et attire les chatons vers ses tétons avec la patte. Ils rampent vers le poste d'alimentation et fouinent pour trouver la mamelle.

Les premières semaines
Des expériences comme le contact avec d'autres animaux, pendant les premières semaines, sont déterminantes pour forger la personnalité future du chat. Ce chaton n'a que quelques mois, mais son caractère est presque complètement formé dans les sept premières semaines.

Une bonne mère

LES CHATONS sortent généralement toutes les cinq minutes, mais les naissances peuvent être espacées de deux heures. Lorsque la portée est nombreuse, la mère met bas une partie des chatons et, épuisée, les nourrit avant de recommencer le travail, parfois 24 heures plus tard. Les nouveau-nés, sans défense, dépendent entièrement de leur mère pour la nourriture, la protection et la chaleur. À peine les chatons sortis, elle se met à les lécher et les nourrir, les laissant rarement seuls dans les premières 48 heures.

Une attention équitable
La mère répond aux piaillements de ses chatons en les léchant, alors qu'ils fouinent à la recherche de nourriture. Les derniers-nés sont encore humides, mais ses coups de langue ont déjà stimulé leur respiration.

Des pattes roses montrent que le sang circule bien

L'emplacement des récepteurs de chaleur, sens le plus développé chez le chaton

Les chatons se pelotonnent pour avoir chaud

Concurrence au sein de la fratrie
Lorsque la portée est nombreuse, la concurrence entre les chatons est sévère. Cet esprit de compétition est salutaire, car il engendre un environnement créatif. Mais il arrive qu'un perdant soit écarté.

La mère halète sous l'effort du travail

« Je suis épuisée, mais je défendrai mes petits ! »

Ne pas déranger
Si vous dérangez la mère, elle en sera irritée et peut-être crachera-t-elle. Restant auprès de ses chatons, l'épuisement la fait haleter. Bientôt, elle pourra se détendre et les nourrir.

Sœurs, mères et tantes

Il est assez répandu dans la société matriarcale des chats domestiques d'élever les petits en commun, surtout chez les chattes qui vivent à proximité de sources de nourriture abondantes. Ainsi, une fratrie de sœurs, de mères et de tantes s'occupe d'une « crèche » pouvant atteindre 40 petits, dont des nouveau-nés, qui ne sont en plus pas toujours les leurs, en l'absence d'une mère partie chasser...

Protéger les chatons

LA MÈRE s'attache rapidement à ses petits et sait instinctivement comment les élever. Même pour sa première portée, une mère réagit aux piaillements des chatons en les récupérant lorsqu'ils s'éloignent. Elle sait reconnaître chacun à son odeur particulière, secrétée par des glandes de la peau situées sur la tête. Pour se reposer, les chatons doivent être pelotonnés contre leur mère ou les uns contre les autres. Alors qu'ils s'habituent tout juste à leur nouvel environnement, la mère abandonne le nid souillé pour un lieu plus à l'abri. Ce comportement s'explique par la vie sauvage, où il est nécessaire d'abandonner le lieu de naissance qui pourrait attirer les prédateurs.

Nouveau-né sans défense
Le chaton nouveau-né ne voit pas, n'entend pas et ne marche pas. Il retrouve sa mère grâce aux récepteurs de chaleur sur son museau.

Une bouchée délicate
La mère abandonne le lieu de la mise bas lorsque les chatons ont quatre jours. Elle les déplace un à un, transportant chaque petit, passif, dans sa gueule.

L'installation
La mère est heureuse et détendue dans son nouveau nid et semble inconsciente des chatons qui lui grimpent dessus. La chaleur du corps maternel les attire.

« Moi, barbare ? En réalité, je suis très délicate ! »

Position de transport
Lorsque sa mère l'emmène à son nouveau nid, le chaton prend une position fœtale et ne bouge plus. C'est également la position du chat adulte attrapé par la peau du cou.

De grandes enjambées
La mère se dresse bien haut sur ses pattes pour ne pas risquer de heurter le chaton. Si la distance entre les nids est importante, il lui arrive de faire une étape et d'y déposer chaque petit, avant de repartir vers le nouveau lieu.

S'occuper des chatons

SOUS L'INFLUENCE de l'hormone de grossesse (progestérone), la mère est très calme lorsqu'elle nourrit ses petits. En outre, cette hormone lui donne un appétit vorace et stimule la montée de lait. Le premier lait, le colostrum, est riche en anticorps.

Pendant les premiers jours, les sens des chatons se développent très rapidement. Ils retiennent l'odeur de la mamelle choisie qui devient rapidement leur préférée. Lorsque le propriétaire revendique son téton favori, tout frère ou sœur le cède vivement.

Les yeux ouverts
Ce chaton, âgé de six jours, a ouvert les yeux. Lorsqu'ils sont élevés par une jeune mère ou bien dans l'obscurité, les chatons ouvrent les yeux plus tôt que la norme.

Les oreilles ne s'ouvrent pas avant le dixième jour

Les yeux s'ouvrent entre le quatrième et le dixième jour

Une tétée de confort

Le besoin en lait du chaton est à son maximum à trois semaines, lorsque la mère commence à lui présenter d'autres aliments. Au bout de six semaines, le petit est sevré du lait maternel et ne reçoit que des aliments solides. Il continue pourtant à téter, mais par confort et réconfort plutôt que pour se nourrir, parfois jusqu'à la dixième semaine ou plus.

La mère attire les chatons vers ses mamelons

1 La station d'alimentation
Les mamelons situés vers l'arrière sont les plus riches en lait. Ils sont pris d'assaut par les chatons dominants, qui deviennent souvent les plus gros et les plus robustes.

2 Jouer des coudes
Pendant les premières semaines, pour pouvoir téter, les chatons dépendent entièrement de leur mère et de la position qu'elle adopte. Lorsqu'elle étend sa patte avant, la mère empêche involontairement le plus faible de se nourrir.

Les mamelons les plus productifs se trouvent dans la région abdominale

Ce chaton lâche prise après la tétée

3 L'heure de la tétée
Le temps de tétée des chatons est limité. La mère se lève et oblige les petits à lâcher prise. Celui qui n'a pas pu manger s'éloigne. La mère est attentive, mais elle ne réagit que si elle entend un piaillement de désespoir.

« C'est la décompression totale. »

La décompression
La progestérone provoque aussi le contentement chez la mère. La pupille rétrécie est un indice de son faible état d'excitation.

L'adoption

L'ADOPTION n'est pas un sous-produit de l'intervention humaine dans la sélection du chat. C'est un comportement félin qui permet à une des mères de chasser pendant que d'autres s'occupent de la portée. L'instinct maternel de la chatte est si puissant durant les quelques jours après la naissance qu'elle adopte volontiers des chatons abandonnés, notamment s'ils ne sont âgés que de quelques jours. Très jeune, le chaton ne fait pas de discrimination et s'attache à toute source de nourriture et de confort. Les petits adoptés sont en concurrence avec ceux de la portée naturelle pour s'emparer des mamelons les plus productifs. Ils parviennent même parfois à supplanter des plus faibles et moins dominants.

Une mère adoptive
En plus de ses propres chatons tonkinois, cette mère Burmese nourrit deux Siamois Sealpoint, introduits dans la portée à l'âge de quelques jours seulement. Les petits adoptés se sont parfaitement intégrés et jouent de la concurrence pour obtenir le lait maternel.

« Ça devient une véritable foire d'empoigne ! »

Il y en aura pour tout le monde
Le chaton tonkinois a trouvé un nouveau mamelon, qu'il conservera au prix de bagarres. La mère nourrit tous les chatons jusqu'au sevrage. L'adoption prolonge généralement la production de lait, car les tétées supplémentaires stimulent la montée de lait.

Élevé au biberon

Il est possible de nourrir un chaton orphelin avec un compte-gouttes et du lait spécial. Le chaton absorbera la nourriture mais, élevé seul, il lui manquera le contact social indispensable avec les autres chatons et sa mère. Il en résultera sans doute une carence affective et une ignorance des mœurs félines. Adulte, il ne sera probablement pas un bon parent. Si vous le nourrissez au biberon, passez une éponge humide sur la région génito-anale pour stimuler l'évacuation naturelle.

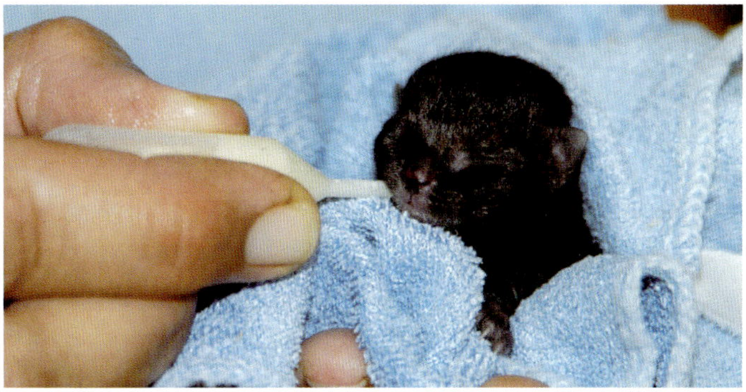

L'extrémité des oreilles du Siamois Seal-point est foncée

Une unité familiale temporaire
Ces chatons forment un groupe très soudé, tout comme une portée génétiquement liée. Ils se pelotonnent pour avoir bien chaud et se sentir en sécurité. Une portée de quatre chatons offre de multiples opportunités d'activités physiques et mentales.

« Je traîne avec mes frères. »

Les sens

À LA NAISSANCE, la sensation de chaleur et l'odorat sont les seules capacités sensorielles totalement formées ou presque. Au bout de la troisième semaine, la voix commence à acquérir la gamme de sons des adultes, après avoir été cantonnée à l'expression de la détresse, puis très vite de la menace. Le flair et le goût se développent rapidement, tout comme la vision et l'ouïe. Afin de devenir un bon chasseur et savoir se protéger, le chaton doit perfectionner son extraordinaire sens de l'équilibre – sa capacité à vivre dans un monde en trois dimensions.

Un cri de désespoir
La gueule grande ouverte, ce chaton inquiet appelle sa mère. Sa voix fonctionne dès la naissance et il utilise son appel de détresse s'il a faim, s'il est coincé, s'il a froid ou s'il est isolé de sa mère ou de la portée. La mère distingue vite l'appel de ses chatons.

Dormir à vos côtés

En temps normal, les chats ne dorment en compagnie de leurs congénères que pendant leur prime enfance. Si, durant son jeune âge, le chaton peut se rendre compte que les humains ne présentent pas de risque et sont de bonnes « mères de substitution », il dormira peut-être à leurs côtés, même adulte. Habitués aux humains pendant les premières semaines de leur vie, les chats aiment à servir de bouillotte (rarement les chats sauvages récupérés).

Tête baissée, ils flairent
Les chatons sont vite curieux. Ils explorent leur environnement à l'aide de leur odorat, le premier sens apparaissant et étant entièrement formé.

Le sens de l'équilibre
Âgé de trois semaines, le chaton commence tout juste à maîtriser la marche. Cherchant encore son équilibre, il est assez maladroit. Il avance prudemment, les pattes bien écartées, levant une seule patte à la fois. Il a des récepteurs tactiles bien développés sous les coussinets, mais le cerveau ne parvient pas encore complètement à intégrer les stimulations.

L'apprentissage des ficelles du métier
Les sens du chaton se perfectionnent très rapidement. Son sens précoce de l'équilibre lui permet d'explorer le monde en trois dimensions. À huit semaines, ses griffes sont rétractables pour pouvoir s'agripper et grimper. Âgé de douze semaines, il possède toutes les capacités sensorielles de l'adulte.

Dépendre de sa mère

LA CURIOSITÉ SE DÉVELOPPE TRÈS VITE chez les chatons, bien plus tôt que la crainte. Dès qu'ils savent marcher, ils se mettent à explorer tout ce qu'ils voient, entendent et sentent. Ils demeurent néanmoins extrêmement dépendants de leur mère pour l'alimentation, la toilette et le sauvetage en cas de danger. C'est à elle de surveiller les activités des chatons et de les sauver du danger. Jusqu'à la sixième semaine environ, elle représente leur unique source d'alimentation et leur fournit tout le contact nécessaire à leur développement physique et émotionnel.

À portée de patte
Ce chaton de sept semaines continue à apprécier le contact physique avec sa mère. L'expression de cette dernière témoigne d'un léger agacement…

La nourriture et la sécurité
Agés de six semaines, les chatons ne dépendent plus du lait maternel mais continuent néanmoins à téter. Ils jouent des coudes pour attraper une mamelle et recherchent le sentiment de sécurité dégagé par la présence de la mère détendue. Si le chaton est sevré avant six semaines, son développement émotionnel s'en trouvera limité.

Une mère attentive
La mère garde toujours un œil attentif sur sa portée. Ci-dessus, elle ramène un chaton égaré. En grandissant, la peau du chaton est plus détendue et la mère a plus de mal pour l'attraper par la peau du cou.

Téter la laine

Les chatons dépendent de l'allaitement pour se nourrir jusqu'à la sixième semaine. Ils tètent quatre à six semaines de plus pour le confort. S'ils sont séparés trop tôt de leur mère, avant la fin de l'étape de la « tétée pour le confort », les chatons compensent ce besoin en pétrissant votre pull ou votre peau ou même en simulant la tétée.

« C'est parti, toilette pour tous ! »

L'unité sanitaire
Durant les trois premières semaines, la mère lèche les parties ano-génitales des chatons pour stimuler la miction et la défécation. Ce faisant, elle absorbe tous leurs déchets.

Un explorateur précoce
Ce chaton précoce, âgé de quatre semaines, s'aventure déjà tout seul pour explorer vaillamment son environnement. Sa mère, à ses côtés, surveille sa progression.

Apprendre à se déplacer

DÈS LA NAISSANCE, les chatons savent ramper. Ils retrouvent leur mère grâce à des récepteurs de chaleur sur le nez. Deux semaines plus tard, les autres sens transmettent des informations au cerveau afin de favoriser une aisance des mouvements. Au bout de sept semaines, les chatons se déplacent comme les adultes et, à dix semaines, ils sauront évoluer, en parfait équilibre, sur une surface étroite, comme la clôture du jardin par exemple. Chaque sens envoie des messages au cerveau. Le centre de coordination du cerveau les interprète, puis envoie des instructions aux muscles appropriés. Messages et instructions circulent extrêmement vite et donnent de la fluidité aux mouvements du chat.

Les membres antérieurs bougent librement. Le centre de gravité se situant près de la tête, l'essentiel de l'activité se déroule vers l'avant. Les pattes arrière fournissent l'accélération rapide et la queue agit comme un gouvernail.

1 Pagayer
À dix jours, le chaton rampe, le ventre traînant à terre, et se tire en pagayant avec ses pattes. Sa tête agit comme un bélier et sert de sonde pour retrouver le nid bien chaud.

Le ventre traîne au sol

Les récepteurs de chaleur sur le nez sont très sensibles

La queue dressée pour l'équilibre

2 Les pieds plats
À deux semaines, le chaton parvient à trouver son équilibre, mais ne sait pas encore bien marcher. Capable de se dresser sur ses petites pattes, il retombe s'il tente de soulever plus d'une patte à la fois. Il pose ses pattes bien à plat au sol lors de sa progression.

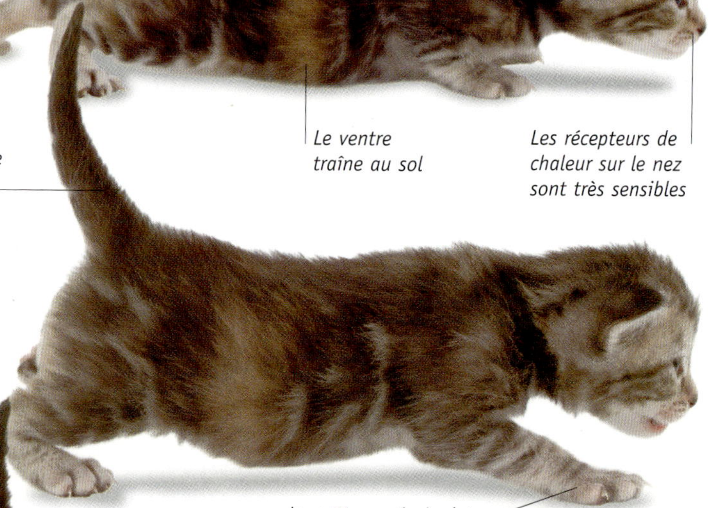

La patte posée à plat sur le sol pour l'équilibre

3 Droit sur ses pattes
Une plus grande mobilité coïncide avec une curiosité accrue. À trois semaines, le chaton se tient sur la pointe des pattes arrière, dans la « position du sprinter ». Il est capable de soutenir son poids et de positionner ses pattes, sans toutefois encore savoir vraiment où les placer.

Les pattes arrière sur la pointe des pieds est la position naturelle du chat

« Super, ça marche! »

« Regardez-moi ! je suis en train de marcher. »

4 Acquérir de l'assurance
Le chaton doit encore se concentrer pour bien placer ses pattes, mais au bout de quatre semaines, il tombe rarement. L'organe de l'équilibre, situé dans l'oreille, est suffisamment développé pour traquer ses frères et sœurs ou d'autres choses.

5 Un petit adulte
Âgé de cinq semaines, le chaton se déplace avec aisance. Il n'a plus besoin d'autant de concentration et avance naturellement, imitant sa mère. La queue retombe, désormais inutile comme gouvernail.

« Je deviens expert en la matière! »

6 Une agilité totale
Âgé de dix semaines, le chaton a appris tous les mouvements nécessaires à sa survie. Il se déplace sur une branche sans risquer de tomber. Encore petit, il possède déjà les caractéristiques d'un chasseur rapide, agile et silencieux.

Sauter et bondir

DESTINÉS À DEVENIR DES CHASSEURS, les chatons acquièrent rapidement aisance et agilité de mouvement. Ils peuvent modifier leur position et s'emparer d'une proie inconsciente en un éclair. À six semaines, ils possèdent un sens de l'équilibre que les humains ne pourront jamais égaler. Cette capacité vient du cerveau du chat, spécialisé dans la réception et l'interprétation des messages provenant de l'organe de l'équilibre (situé dans l'oreille), et des yeux. Son squelette, la colonne vertébrale, en particulier les articulations, ainsi que ses muscles sont parfaitement adaptés à l'action de bondir, de grimper et à l'équilibre. Le chat passe beaucoup de temps à guetter, perché sur des arbres, des rebords de fenêtres et des toits. Lorsqu'il tombe, son excellent sens de l'équilibre lui permet de se retourner en l'air pour retomber sur ses pattes.

Un saut impromptu
Sautant spontanément en l'air, le chaton se contorsionne au niveau de la taille, afin de faire face à sa proie. Les ligaments robustes des articulations ajoutent une impulsion supplémentaire aux muscles des cuisses.

Prêt à bondir
Le chaton s'avance discrètement puis, les pattes arrière au sol, il se lance en avant pour attraper sa proie qui n'a rien vu venir.
Le bondissement est la manœuvre la plus utilisée par les chats à la chasse.

Garçons et filles...

Comme chez tous les mammifères, le cerveau du chaton mâle est « masculinisé » dans le ventre de sa mère, lorsque les testicules produisent une sorte de poussée d'hormones. Le cerveau du chaton femelle, pour sa part, reste « neutre » jusqu'à la puberté. Les petits mâles jouent naturellement à des jeux plus violents et, à l'âge de cinq mois, leur activité incessante devient si agaçante qu'ils sont chassés du nid. C'est ainsi que se perpétue la société matriarcale.

Un bond étudié
Pour atteindre un point précis, le chaton effectue des demi-bonds en s'aidant des puissants muscles de ses pattes arrière. Il retombe sur ses pattes avant, avec équilibre.

« Saut en longueur »
Les pattes avant prêtes à saisir la proie, le chaton bondit pour couvrir la distance, mais il risque aussi de faire fuir la victime.

« Saut en hauteur »
Le chaton saute en l'air et en arrière, avec les quatre pattes hors du sol. Une fois en l'air, il sort les griffes, prêt à se saisir de n'importe quoi. Ce type de saut lui permettra plus tard d'attraper des oiseaux ou des insectes en vol.

Un atterrissage en catastrophe !
En cas d'échec, sa capacité très perfectionnée à se redresser permettra au chaton de retomber sur ses pattes, qu'il écarte bien afin d'absorber le choc.

Le sevrage

TÔT OU TARD, les chatons commencent à agacer leur mère. Ce moment varie d'une portée à une autre. En général, les chatons sont entièrement sevrés au bout de sept semaines, mais les mères se lassent parfois des petites dents en lames de rasoir bien avant. D'autres continuent à allaiter encore plusieurs mois, indépendamment de la production de lait.

Dans un cas comme dans l'autre, le besoin d'indépendance finit par prendre le dessus chez tous les chatons. Ils abandonnent alors la sécurité de Maman pour se lancer dans les incertitudes et les dangers de la vie d'adulte. Les premiers à partir, ou à être écartés par la mère, sont les mâles les plus assurés ; les femelles suivent.

La mère protège ses petits pendant des semaines

Le début de la séparation
Ce chaton de six semaines n'a plus besoin du lait maternel, mais il continuera à rester aux côtés de sa mère encore quelques semaines.

« J'allaiterai autant que je le pourrai. »

Bien nourri, bien parti

La nature comprend l'importance de l'alimentation pour la bonne santé et le bien-être futurs. Une mère se laissera affamer si nécessaire pour fournir suffisamment de nourriture à ses petits. Une fois les chatons sevrés, les chattes qui ne sont pas nourries par les humains auront maigri, parfois au point de n'avoir que la peau sur les os. Mais après le sevrage, elles retrouveront leur silhouette.

Je rends mon tablier !
Âgés de six semaines, ces chatons sont autant voraces et commencent à importuner leur mère. Leurs dents de lait, très pointues, sont en plus une source de désagrément.

Une indépendance forcée
Importunée par une incessante demande de tétées, la mère se retire et s'en va. Ce recul est le résultat d'une baisse du taux d'hormones maternelles.

L'appel du petit déjeuner
Bien que ces chatons soient en âge d'être sevrés, la mère prend l'initiative de la tétée du petit déjeuner et les lèche délicatement pour les réveiller. L'instinct maternel varie d'une chatte à l'autre, mais son comportement a une influence indéniable sur la personnalité du chaton.

La tétée du réconfort
Avec sa portée de deux chatons seulement, cette chatte ne subit pas la même pression qu'une mère de portée nombreuse. Au bout de sept semaines, le lait s'est quasiment tari, mais la tétée est un comportement de confort qui continue.

3 LES ACTIVITÉS DU CHAT

Le chat vit selon ses propres rythmes. Le chien, par contre, a une sociabilité biologique qui nous permet de le dresser à faire des choses contraires à sa nature, traquer une proie sans la capturer ni la tuer, par exemple. Jamais un chat ne ferait une chose aussi stupide ! Il ne se plierait sûrement pas à ce que nous voudrions lui faire faire et ne fait que ce que l'évolution lui a appris : combattre pour son territoire, chasser pour se nourrir, se protéger des agressions mais également être sociable avec d'autres, particulièrement si ce ne sont pas des chats…

Les êtres humains sont tellement différents qu'ils font d'excellents compagnons pour le chat, bien meilleurs que ses congénères.

Notre chat domestique est un exemple type de développement émotif délibérément interrompu. Cette caractéristique a entraîné l'augmentation très importante de l'espèce dans la seconde moitié du XXe siècle et lui a donné la prépondérance sur le chien, dans nos foyers. Les mœurs de tous les chatons sont semblables, qu'ils soient élevés à nos côtés ou hors de tout contact humain. Ils entretiennent des liens provisoires entre compagnons de portée, jouent ensemble, et exercent leurs capacités de chasseurs en se traquant mutuellement. Ils auront le même comportement à l'âge adulte avec les êtres humains, si ces derniers participent à ces activités lorsque les chatons ont entre trois et sept semaines. Ils aimeront jouer avec nous, se jetant sur nos chevilles, par exemple, et que nous les attaquions à notre tour.

Une menace offensive
Le chat est un excellent chasseur-tueur. Mais c'est également une proie potentielle. Lorsqu'il est attaqué, il fait le dos rond pour avoir l'air plus gros, rabat ses oreilles pour les protéger et feule comme un serpent.

Une leçon pour la vie
Les chatons nouent des relations sociales avant l'âge de sept semaines. Élevé dès la naissance aux côtés d'une espèce généralement considérée comme une proie, comme cet écureuil, le chat ne s'y attaquera pas une fois adulte.

Privé de famille humaine, le chaton apprend les techniques nécessaires pour survivre seul, défendre son territoire de chasse, chasser avec succès et éviter le danger. Il acquiert rapidement un solide sens de l'indépendance. Tous les chats, qu'ils vivent avec nous ou dans la nature, comprennent instinctivement le langage félin offensif et défensif. Ils marquent instinctivement leurs aires de repos ou de chasse avec des repères olfactifs tels l'urine, les matières fécales et des frottements de la glande faciale, mais également visuels, comme des traces de griffes sur les poteaux ou des déjections non enterrées.

Le chat qui vit en extérieur tend à contrôler son territoire quotidiennement, le marquant systématiquement au passage. Le chat d'intérieur a le même comportement, urinant et faisant ses griffes, ce qui entraîne souvent des conflits avec le maître qui interprète cette attitude naturelle comme un défaut de caractère.

Élevé depuis sa tendre enfance en compagnie des humains (ou d'autres espèces), un chat est parfaitement capable d'être sociable toute sa vie. En l'absence d'un tel contact durant les sept premières semaines de sa vie, il aura beaucoup plus de mal à être sociable avec les humains. Il finira par se détendre en présence de connaissances, mais il conservera de toute évidence une méfiance envers les étrangers.

Une vie de joueur
Le jeu est le moyen pour le chaton de développer ses tactiques offensives et défensives ainsi que ses capacités de chasseur. Une fois adultes, des compagnons de portée continueront à simuler le combat.

Un tueur né
Les rongeurs sont les proies naturelles du chat. Lorsqu'ils en ont l'occasion, la plupart des chats sont d'efficaces chasseurs. Les plus doués d'entre eux le font pour le seul plaisir de tuer, car la faim et le besoin de chasser sont deux choses dissociables.

La naissance d'une amitié

POUR DEVENIR MATURE ET OUVERT, le chaton doit recevoir une stimulation intellectuelle entre l'âge de trois et sept semaines. Son activité est d'abord centrée autour de sa mère, puis de ses frères et sœurs. Les compagnons de portée commencent à jouer ensemble à l'âge de deux semaines environ, activité qui leur apprend à nouer des amitiés et à être solidaires lorsque la mère s'absente pour chasser. Le jeu les amène doucement aux préoccupations des adultes. Ils s'exercent à prendre des postures agressives, testant ce qui impressionne le plus leurs frères et sœurs. Certains aspects, comme mordre la nuque, sont les prémisses du comportement sexuel. Ils s'entraînent également à la chasse, notamment en se pourchassant et en bondissant les uns sur les autres comme ils le feraient avec des proies. Lorsque les petits mâles deviennent trop agressifs, ils sont bannis de la portée.

Répondre à l'attaque
Ce chaton âgé de six semaines recule devant une attaque. Les jeux qui finissaient amicalement se terminent maintenant souvent avec un regard noir et des crachements.

Une attaque joueuse
La mère répond aux sollicitations joueuses d'un chaton de six semaines, tandis qu'un autre tète. À mesure que ses petits grandissent, elle devient de plus en plus intolérante devant leurs pitreries.

« Ces queues remuantes sont trop marrantes ! »

Roulé-boulé
Âgés de trois semaines et demie, ces chatons se roulent par terre et s'empoignent. L'affaire peut sembler sérieuse, mais à cet âge, c'est encore du jeu. La bagarre se termine généralement par une séance de câlins et de léchouilles.

Se frotter le museau

Le chat possède, sur les lèvres et les joues, des glandes dispensatrices d'odeurs. Il marque son territoire en se frottant le museau contre des objets, tels des poteaux, mais également sur les chats de la famille ou amis. Il en fait autant avec ses maîtres, en poursuivant le geste avec les flancs.

« Les choses ne sont pas pareilles vues d'ici ! »

« Fais attention où tu mets les griffes ! »

Un jeu éducatif
Ces chatons sont détendus. L'un se roule sur le côté en exposant sa bedaine, tandis que sa petite sœur joue avec sa queue, s'exerçant à attraper des objets en mouvement.

Jeu et contact

LE JEU POURRAIT SEMBLER SANS BUT, mais la nature est rarement frivole et chacun des aspects de cette activité a un sens. À l'âge de trois semaines, le chaton commence à jouer avec des objets, qu'il tape de la patte. Bientôt, il frappera, attrapera et explorera tout ce qui éveille sa curiosité. S'il rencontre des humains à cet âge, il jouera volontiers avec eux et fera partie de la famille avec plaisir. Le jeu et le contact sont une façon de préparer le chaton au monde adulte.

Des cibles mobiles
Les chatons observent cette balle pour voir si elle bouge. Le rouquin la touche avec curiosité. Lorsqu'elle bouge, il la suit comme une proie. Il est important de découvrir qu'une boule roule silencieusement ou qu'une brindille fait du bruit en se brisant.

Les techniques de chasse
Le tigré fixe son attention sur la balle. Une telle concentration laisse présager qu'il deviendra un bon chasseur. Le rouquin a détourné son attention pour regarder son frère.

Jouer avec des objets

Jouer avec des objets, une feuille ou de petites balles, aide le chaton à découvrir son environnement. Pour devenir un bon chasseur, il doit comprendre la façon dont les choses bougent ou réagissent et si elles font du bruit lorsqu'on les touche. Le cerveau et les connexions entre les cellules du cerveau se développent davantage chez le chaton qui joue avec des objets.

Apprendre à jouer à la balle
Les petites balles plaisent beaucoup car elles ont l'air de s'enfuir. À huit semaines, ce chaton a une maîtrise complète de sa patte et maintient fermement la balle. Tout comme un petit enfant, il ne compte pas partager son jouet avec son frère.

Jouer avec les humains
Pour qu'il soit détendu et amical, il faut jouer avec votre chaton environ 40 minutes par jour. Grâce au contact physique fréquent avec vous, il sera moins craintif et plus curieux.

Des salutations félines
À tout âge, les chats se saluent en se touchant le nez. Ceux qui fréquentent des humains ou des chiens nous salueront de la même façon. Ils nous accueillent souvent aussi en se frottant contre nous, comportement qu'ils usent rarement pour saluer des congénères.

La concurrence

ASSEZ VITE APRÈS AVOIR OUVERT LES YEUX, les chatons commencent à se bagarrer. Au début, c'est une rivalité joueuse, mais les coups de pattes maladroits annoncent des combats plus sérieux. Le chaton le plus rapide, le plus fort et le plus audacieux devient rapidement le dominant. La portée semble vivre sans friction et avec des droits égaux. Lorsque la cloche du repas sonne, tous les chatons se regroupent autour de la mère sans ordre de passage prioritaire. Mais la hiérarchie est présente même si elle est moins prononcée chez le chat que chez le chien. Dans les jeux, les chatons prennent généralement chacun leur tour le rôle de dominant. Ils apprennent cependant bientôt à devenir réellement dominant ou à choisir la soumission comme réponse la plus efficace à un frère qui commence à combattre plus sérieusement.

« Tu ne me fais pas peur, petite minette ! »

La ronde du chat
Ces chatons tournent pour tenter de se sentir mutuellement le derrière. C'est un jeu classique, mimant les controverses de hiérarchie et de territoire de leur vie future. Les chats qui se connaissent se reniflent le nez.

1 Un regard de dominant
Les mouvements du jeu reproduisent ceux des combats et de la chasse. Ce chaton fixe son frère avec assurance, tout comme il fixera ses futures proies. Il reste immobile, dissimulant ses intentions, jusqu'à ce que lui ou son frère bouge enfin.

2 Une simulation d'attaque
Le chaton debout se comporte en dominant et, à en croire son dos et sa queue hérissés, il prend le jeu plus au sérieux que son frère. L'autre se roule sur le dos, sans aucune crainte, pour exposer son ventre. C'est ici un signe de soumission.

3 La fuite

Le chaton joueur vient de comprendre que son frère est très sérieux. Le jeu a pris une tournure de concurrence hiérarchique et, les oreilles en arrière à cause de la peur, il bat en retraite. L'autre chaton est allongé au sol, mais la position de ses oreilles montre qu'il a remporté le défi.

Les techniques de chasse

CERTAINS SPÉCIALISTES DU COMPORTEMENT pensent que le jeu et la chasse sont des manifestations du même instinct. Mais cela n'explique pas pourquoi un chat adulte chasse pour manger et continue à jouer comme un chaton. Le comportement de chasseur est pleinement développé à l'âge de cinq semaines. Le chaton fait usage de trois tactiques différentes : le bond de la souris, le saut de l'oiseau et le coup du poisson. Il ne met pas longtemps à s'apercevoir que l'action se passe dans les airs autant que sur terre. La plupart des chatons deviennent d'excellents chasseurs de souris, mais leur difficulté à se camoufler dans les jardins ne les aide pas à être de bons chasseurs d'oiseaux.

L'équilibrisme du chasseur
Ce chaton donne des coups de pattes à un objet au-dessus de sa tête. Mais il lui manque encore la coordination des muscles pour s'élancer en l'air. Sa queue, étendue, et ses pattes arrière le font tenir en équilibre.

Le saut de l'oiseau
Ce chaton de six semaines est encore trop jeune pour effectuer un saut de l'oiseau. Mais il lance tout de même sa patte, toutes griffes dehors, pour attraper un objet inattendu au-dessus de sa tête. Plus tard, il sera capable de s'élancer en l'air à partir d'une station debout.

« Je t'ai attrapé, petit oiseau ! »

« Tu peux toujours courir, je t'aurai ! »

Les griffes sont sorties, prêtes à frapper

Le coup du poisson
Ce chaton s'entraîne à attraper avec de petits coups de pattes. Ce geste instinctif, qu'il n'a pas besoin d'apprendre de sa mère, lui servira à sortir un poisson de l'eau.

La queue dressée en signe d'excitation

Ramener sa proie
Une fois capturée, la proie doit être emportée, même s'il ne s'agit que d'un jouet. Ce chaton rapporte son jouet au nid, tout comme sa mère ramène des souris pour ses petits.

Telle mère, tels chatons

Si l'apprentissage par l'observation est difficile pour l'adulte, il est la norme chez le chaton. Mais si celui-ci hérite de l'instinct de la chasse, il doit tout de même apprendre les techniques en observant et en imitant sa mère. Les bons chasseurs d'oiseaux engendrent donc des petits qui le seront. Selon l'éthologue allemand Paul Leyhausen, la mère ne se contente pas d'apprendre à chasser à ses petits, elle leur signale aussi, par la voix, le type de proie qu'elle ramène au nid.

La traque
Ce chasseur, âgé de neuf semaines, maîtrise la technique de l'approche discrète vers la proie. Les chatons commencent par se traquer les uns les autres dès l'âge de trois semaines, puis s'exercent peu après sur des objets.

La souplesse de la colonne vertébrale permet des mouvements inattendus

« Surprise ! Tu ne t'y attendais pas. »

Le bond de la souris
Ce bond de côté est une manœuvre très prisée du chaton âgé de neuf semaines. Il bondit sur sa « victime » par le haut plutôt que de sauter vers elle. Dans sa vie d'adulte, cela lui servira pour chasser des rongeurs.

Une amitié peu banale

À L'ÂGE DE DEUX SEMAINES, un chaton peut commencer une relation avec une proie (un écureuil), avec un prédateur (un chien) ou un concurrent (un renard). Il suffit qu'il puisse jouer et se frotter le museau et les flancs contre « l'étranger » sans être effrayé, pour que la hiérarchie semble ne plus avoir d'importance. De telles amitiés peuvent durer toute une vie, mais la période durant laquelle de tels liens peuvent se créer est de courte durée, à peine cinq semaines. La peur du chat envers d'autres espèces, le chien ou le renard par exemple, et l'instinct de chasser de petites espèces, comme une souris ou un rat, ne se développent qu'à sept semaines. Un chat élevé avec des rats jusqu'à l'âge de six semaines refusera a posteriori de les chasser plus tard, mais si la première rencontre se déroule au-delà de sept semaines, la relation sera celle de chasseur à proie.

L'exploration des différences
Ce chaton partage une relation privilégiée avec ce renardeau. Jusqu'à l'âge de sept semaines, le chaton considère les autres espèces comme des chatons ou des chats dont l'odeur et l'apparence sont différentes.

Jeu de hiérarchie
Dans ce jeu de domination et soumission entre le chaton et le renardeau, le premier feint une agression en se roulant par terre pour exposer ses griffes et ses dents.

Les pupilles rétrécies indiquent que le chaton n'a pas peur

Les oreilles repliées vers l'arrière en signe de colère

« Ça ne te dérange pas si je me perche ici ? »

Le chien est curieux, mais parfaitement à l'aise

Accueillant ou pas ?

Dans les années 1970, il fut suggéré que certaines races, ou même couleurs, de chats acceptaient plus ou moins bien de nouveaux congénères dans leur foyer. Selon des études menées chez des éleveurs (en 1980-1990), aucune différence ne fut notée entre chats de couleurs distinctes. Pour ce qui est des races, les Siamois et les Asiatiques seraient moins enclins à accueillir des congénères inconnus dans leur foyer, tandis que les Persans seraient plus accueillants envers un nouveau félin que la moyenne.

S'acoquiner avec l'ennemi
Absolument pas craintif, ce chaton grimpe sur le chien pour trouver chaleur et réconfort. Les gentils chiens adultes et les chiots de moins de douze semaines sont des compagnons idéaux pour ces rencontres précoces.

La peur de l'inconnu
Légèrement inquiet, mais cependant intrigué, le chaton est partiellement hérissé et son dos arqué, alors qu'il examine cet écureuil. Les espèces de la taille d'une proie éveillent une très forte curiosité.

« C'est bon, je ne vais pas te manger. »

Pattes arrière libres de donner des coups

Une attaque simulée
Le chaton attaque l'écureuil pour jouer, mais il ne le mordra pas. Il est, en outre, probable que ce chaton ne chassera pas les écureuils, une fois adulte. Pour sa part, l'écureuil n'a pas peur, car il a été élevé avec des chats.

La survie

LA CHATTE APPREND À SES PETITS à attraper et à tuer des proies, apprentissage essentiel pour les chats sauvages. Mais notre animal familier lui aussi montre à ses chatons comment chasser de la nourriture, même si nous lui fournissons ses repas dans un bol. Pour commencer, la mère leur apporte des proies mortes afin qu'ils sachent identifier leurs victimes potentielles. Elle les ramène ensuite vivantes pour qu'ils apprennent à les tuer. Au début, ils sont un peu craintifs, mais ils prennent vite courage, pourchassent et capturent la proie choisie, jouant avec avant de la tuer. Si la mère est une bonne chasseuse, les chatons ont toutes les chances de le devenir aussi, car un bon maître transmet toujours ses compétences. Ils peuvent cependant devenir des spécialistes de la chasse même sans l'aide de la mère.

1 Une proie immobile
Cette chatte a tué une souris pour que ses petits puissent jouer. Les pupilles dilatées et sa pose figée sont le signe de son excitation. Elle avertit les chatons, par des sons vocaliques, qu'elle leur ramène une souris, source éventuelle de bagarre.

2 Un examen minutieux
Sous l'œil vigilant de la mère, les chatons examinent la souris morte. En imitant leur mère, ils apprennent à se servir de tous leurs sens pour étudier le rongeur. L'odeur de la proie sera enregistrée à jamais dans leur mémoire.

« Qu'a t-elle à nous offrir aujourd'hui ? »

Un quémandeur
En regardant et en écoutant sa mère, le chaton apprend aussi à quémander par le geste et par la voix. Avec la domestication, le chat sauvage est passé de chasseur indépendant à opportuniste quémandeur.

3 Les préliminaires
La mère lèche un des chatons afin de distraire son attention, pendant que l'autre se concentre sur la souris, la tenant dans les pattes avant et la frappant avec celles de derrière.

4 Jouer avec la proie
Devant cette proie nouvelle pour lui, le chaton a envie de jouer plutôt que simplement la tuer et la manger. L'idée reçue selon laquelle un chat affamé tue davantage de rats est fausse car seuls les chasseurs les plus expérimentés sont motivés par la faim.

Les habitudes alimentaires

Les proies naturelles du chat sont les rongeurs. Les canines du prédateur sont conçues pour tuer une souris d'un seul coup de dents dans la colonne vertébrale. Lorsqu'ils sont facilement disponibles ou qu'il n'y a rien d'autre à se mettre sous la dent, le chat devient volontiers chasseur d'oiseaux. Selon des études mondiales le chat est un véritable opportuniste, où qu'il vive, adaptant ses habitudes alimentaires à la nourriture disponible localement. Ce chat s'est découvert un goût pour les orvets.

« Ce jeu est vraiment trop drôle. J'adore les souris. »

Le chasseur par excellence
Les oreilles du chat captent les sons et les localisent. Son nez sent l'odeur de la proie et ses grands yeux détectent le moindre mouvement. Camouflé dans le paysage et capable d'une immobilité parfaite, le chat présente tous les attributs des meilleurs chasseurs du règne animal.

L'indépendance

À L'ÉTAT SAUVAGE, hors de tout contact avec les êtres humains, le chaton devient un chasseur solitaire. Rien ne justifie la poursuite de la vie collective de la portée. L'indépendance s'affirme souvent de façon brutale, à l'occasion d'une simulation de bagarre au cours de laquelle un ordre hiérarchique s'établit au sein de la portée. Vers l'âge de 18 semaines, les combats prennent un tour sérieux même si les blessures graves sont rares. La fraternité entre chatons se rompt et la portée se disloque. Chez vous, votre chaton continue à accepter le contact car il vous considère comme une mère de substitution, pas comme un compagnon de portée.

1 La bagarre pour jouer
Devenus parfaitement mobiles, vers neuf semaines, les chatons se lancent dans des démonstrations agressives. Les griffes sorties, le dominant se dresse sur les pattes arrière, prêt à bondir. Son frère est couché, il se croit dans un jeu. Mais il s'agit d'un vrai combat qui pourrait dégénérer en une dure bagarre.

2 Morsure au cou
Le chaton soumis se rend soudain compte que son adversaire ne plaisante pas. Il bondit de sa position couchée et lance une contre-attaque, tentant de plonger les dents dans le cou de son frère.

3 Une accalmie dans les hostilités
Âgés de neuf semaines, il arrive que les chatons fassent une pause pour se détendre au milieu de la bagarre. Le plus agressif se calme tandis que l'autre le surveille en prévision d'une reprise des hostilités.

Densité de population

L'indépendance dépend en partie de la nourriture. Dans les îles Hébrides, en Écosse, où la nourriture est rare, il n'y a qu'1 ou 2 chats au km² et les chatons deviennent rapidement des chasseurs autonomes. Sur les côtes du Japon, aux abords des usines de conditionnement du poisson, on compte 1 000 chats au km², car la nourriture est illimitée. Les jeunes femelles restent au sein de communautés matriarcales.

« Attention ! Me voilà, que tu sois prêt ou pas ! »

4 La reprise des combats
Le chaton initialement dominant lance une attaque aérienne sur son adversaire. Ce dernier se roule sur le côté, toutes griffes et dents dehors, prêt à se défendre.

Sur la défensive

NOTRE CHAT FAMILIER est plus préoccupé par la défense de son territoire que par la recherche d'amitiés durables avec ses congénères. Nettement moins sociable que le chien, il est particulièrement doué pour exprimer l'hostilité. Lorsqu'il n'est plus maître d'une situation ou quand il se sent menacé, la réaction de « fuite ou combat » se déclenche, accompagnée d'une décharge d'adrénaline. Il ne reculera pas et manifestera de l'agressivité. Les poils et la queue seront hérissés, les pupilles dilatées, il fera le dos rond, feulera et crachera. Même terrorisé, le chat affirmera son agressivité qui masque souvent de la peur plutôt que la volonté d'agresser.

« Je joue au dur pour te faire peur et te chasser. »

La position de côté offre l'illusion d'être plus grand

Pattes fermement positionnées, prêtes pour la fuite

Des airs de dur
La queue et les poils hérissés, le dos rond, ce chat est terrorisé mais tente de dissimuler sa peur avec des postures agressives. Se présentant de côté pour impressionner davantage, il semble envisager une attaque contre son adversaire.

Sur le qui-vive
Ce chat terrorisé tente de ne pas céder de terrain. Stimulé par une décharge d'adrénaline, il a les pupilles dilatées et le regard fixe pour intimider. Hérissé pour paraître plus gros, il se donne une allure provocante de défi.

Les armes prêtes
Bien qu'apeuré, ce chat se prépare à faire preuve d'agressivité. Crachant et feulant, il se roule sur le côté toutes dents et griffes dehors, prêtes pour la défense.

L'agressivité et la douleur

Les chats se plaignent rarement lorsqu'ils souffrent. Leur instinct d'autoconservation leur impose de se comporter aussi normalement que possible. Si votre animal devient agressif lorsque vous le prenez dans les bras, alors qu'il a l'habitude de se laisser faire, c'est peut-être pour dissimuler une blessure ou une maladie. Voyez un vétérinaire s'il est très agressif.

L'offensive

LE BLUFF est absolument indispensable au chat qui prend une posture agressive. L'ordre hiérarchique est absent chez cette espèce et les réactions agressives ou défensives varient selon les circonstances. Sur son territoire ou placé au-dessus de son adversaire, sur un toit par exemple, il se montrera offensif. Parfaitement confiant, il est totalement maître de lui-même. Comme il se sent en sécurité, ses pupilles ne se dilatent pas puisque la réaction « fuite ou combat » ne se déclenche pas, contrairement au cas d'un animal effrayé et sur la défensive.

En sécurité en hauteur
Assis sur le toit, ce chat domine tous les autres. Alors que tout en lui – museau, moustaches, oreilles dressées et poil bien lisse – respire la confiance en soi, il surveille ses adversaires. De sa position privilégiée, il en profitera peut-être pour lancer une embuscade ou une attaque.

Les oreilles en avant lui donnent un air assuré

La queue qui bat de gauche à droite en signe de domination

« Courageux, peut-être, mais je vois bien que tu as peur. »

Une posture de domination
Bien qu'observé en dessous, ce chat ne semble pas troublé. Avec son sens de l'équilibre bien développé, il s'appuie avec confiance sur le poteau. Lançant des regards noirs à son adversaire sur la clôture, sans crainte de tomber, il le prévient de ne pas chercher à s'approcher davantage.

Braver son rival
La tête pointée vers l'avant, ce chat audacieux refuse de se laisser intimider par l'individu au-dessus de lui. La queue hérissée indique cependant une légère peur.

« Moi peur ? Tu rêves, mon gars ! »

Les poils de la queue légèrement hérissés en signe de crainte

Pattes avant arc-boutées, prêtes à l'attaque

Rancune ou domination ?

Il arrive parfois, dans les cabinets de vétérinaires, une fois l'auscultation et les soins terminés, alors que le chat déambule librement, qu'il revienne vers le médecin pour le frapper aux jambes, après avoir essayé de se cacher. Il n'est pas rare non plus qu'un animal en frappe un autre qui passe dans les parages. Les chats n'oublient pas. Ils réfléchissent aux événements survenus et déterminent la mesure à prendre pour éviter que cela ne se reproduise. Selon certains comportementalistes, ce serait une manifestation du comportement dominant, mais d'autres pensent que c'est également une forme de châtiment félin.

La colère maternelle
Les manifestations d'agressivité d'une mère font reculer le plus audacieux des matous. Elle ne bougera pas et cherche à effrayer l'intrus en feulant et en crachant avec agressivité. S'il ne recule pas, elle se lancera sur lui.

« Ne tente pas le diable, mon pote ! »

L'esprit de combat
Les oreilles légèrement rabattues, ce chat sûr de lui mais en colère crache de toute la largeur de sa bouche. Il projette de l'air chaud par sa langue enroulée. Les lèvres retroussées découvrant les dents pointues accentuent son apparence de colère.

Marquer son territoire

LE PROPRIÉTAIRE TERRIEN FÉLIN dépose régulièrement des messages pour avertir ses congénères qu'il est le maître des lieux. Il lui faut faire des rondes fréquentes et marquer d'importantes aires de chasse, de repos et d'alimentation. Les traces qu'il laisse sont visibles ou olfactives. Lorsqu'il se frotte contre vous, il ne vous témoigne pas seulement de l'affection, il vous marque de son odeur personnelle, vous incluant comme possession de son territoire. Il fait ses griffes afin de laisser des traces visibles. Au jardin, il le fait sur les poteaux et les troncs d'arbres. Dans la maison, sur vos fauteuils et canapés. La femelle comme le mâle délimitent le terrain avec leur urine, même lorsqu'ils sont stérilisés. Un matou dominant non castré déposera des matières fécales non enterrées, marques visuelles et olfactives.

Se faire les griffes
Les oreilles en arrière, ce chat affiche un regard quasi en transe alors qu'il s'étire pour faire ses griffes sur le point le plus haut possible. Il laisse ses traces de griffes sur des lieux très en vue afin qu'elles soient visibles de loin. Il apprécie particulièrement le bois car il ne glisse pas.

Les phéromones félines

Les phéromones sont des odeurs corporelles qui agissent sur le comportement. Ces sécrétions ont été synthétisées et utilisées suite aux études réalisées par le vétérinaire français, Patrick Pageat. Il a récolté et identifié une série de molécules d'acides gras secrétées par les glandes du museau du chat. Deux de ces acides gras avaient un effet calmant sur les chats. Pageat les fit synthétiser par une société de parfum. Des études indépendantes ont confirmé leur valeur thérapeutique, particulièrement afin de réduire l'habitude d'uriner pour marquer un territoire dans des foyers partagés par plusieurs chats.

Le chat d'intérieur
La plupart des femelles et des chats castrés se contentent d'un petit territoire intérieur qu'ils marquent quand même. Cette femelle stérilisée défend fermement sa chaise.

S'attribuer un territoire

Projeter un jet d'urine est une façon de marquer son territoire et n'a rien à voir avec le besoin de vider sa vessie. Le chat recule jusqu'à l'objet visé et, la queue dressée, frémissante, il projette son jet droit derrière lui.

Frotter son museau

Le chat se frotte le museau contre une clôture pour la revendiquer. Transférée sur le bois, l'odeur des glandes du museau signale à ses congénères que ce territoire est revendiqué et leur apporte d'autres informations précieuses.

Une ronde de routine

Le chat doit laisser quotidiennement des traces fraîches avec ses sécrétions corporelles.
Elles n'impressionnent pas ses congénères, mais signalent aux intrus l'heure du dernier passage du propriétaire des lieux.

Surveiller l'extérieur

LA PLUPART DE NOS CHATS font correspondre les frontières de leur territoire avec les murs et les clôtures du jardin. Leur étonnante capacité à s'adapter aux mœurs des humains réduit le risque de problèmes que pourrait soulever cet arrangement. La taille du territoire dépend de l'âge du chat, de son statut sexuel et de sa personnalité. Les femelles et les mâles castrés se contentent généralement de droits territoriaux relativement petits, alors que les matous ont besoin de domaines bien plus vastes, jusqu'à dix fois plus grands. Leurs aires de chasse sont reliées à leur territoire principal par des chemins et des lignes frontières particuliers. Si votre jardin n'offre pas suffisamment de champ à votre animal, il y remédiera en s'appropriant celui du voisin, qu'il délimitera avec ses excréments. La stérilisation réduit considérablement le besoin d'espace du chat car les hormones sexuelles sont, en partie, à l'origine du besoin d'avoir et de défendre un territoire.

Transmission des maladies

Les plaies infectées, en particulier les abcès dus à une morsure, représentent un risque important pour tous les animaux. Le chat souffre particulièrement de ce type de morsure infligée par des congénères, notamment lorsque l'intimidation n'a pas suffi à régler les désaccords. D'autres microbes plus dangereux se sont adaptés aux chats d'extérieur. À mesure que s'accroît le nombre de ces félins, les affections virales, autrefois rares se répandent. Le Sida des chats, le virus d'immunodéficience féline (FIV), et le virus de la leucose (FeLV) se transmettent aux autres chats par la salive, lors de morsures, ou aussi de toilettes mutuelles.

« Ce que je vois fait partie de mon territoire. »

Préserver le domaine
Calquant son territoire sur celui des humains, le chat se satisfera d'une arrière-cour, mais la défendra vigoureusement contre les intrus félins. Son domaine peut englober ceux de plusieurs humains.

Ce chat est assis en position de domination

La surveillance de haut
Le chat vit dans un monde vertical et horizontal. Les matous passent plus de temps à surveiller leur territoire que les femelles.

« Et, toi ! Que fais-tu chez moi ? »

Tenir le haut du pavé
Qu'il soit dominant ou pas, le chat situé le plus haut lors d'une rencontre possède un avantage incontestable. Le chat aime ainsi surveiller du haut d'un toit. De là, il peut contrôler son territoire et lancer des injures à tout intrus.

La protection d'une maison idéale
Le territoire de repos parfait offre des réserves de nourriture et des recoins à l'abri, toujours accessibles. En lui permettant d'aller et venir librement, la chatière assure l'indépendance à votre chat.

S'adapter au mode de vie des humains
Beaucoup de chats sont heureux de vivre en appartement à nos côtés. Le couvert y est assuré ainsi que la protection du territoire. Cela ne les empêche pas d'affirmer leur propriété et de défendre leur coin préféré.

Le chat sociable

LE CODE GÉNÉTIQUE du chat domestique ne lui interdit pas de vivre heureux avec d'autres chats, pourvu que les conditions soient acceptables. Les chats de la maisonnée partagent volontiers leur territoire lorsque la nourriture est abondante. Il leur faut alors communiquer non seulement pour défendre leur territoire, mais également pour résoudre des différences d'opinion et pour maintenir leur statut au sein du groupe. À la différence des loups, les chats domestiques ne connaissent aucune distinction hiérarchique. Les spécialistes du comportement ont ainsi beaucoup plus de mal à interpréter la dynamique sociale au sein du groupe.

Le regard de ce chaton se pose sur le dominant, au centre

Une dynamique de groupe
Les relations au sein d'un groupe de chats sont généralement sans accroc. Mais dans une petite colonie de chats, chaque individu aura un comportement différent envers chacun des membres du groupe.

« Je ne suis vraiment pas contente de vous voir ! »

Expression de dédain lors d'une rencontre

Qui c'est qui commande ici ?
Les chats domestiques se comportent dans nos foyers comme ils le feraient à l'extérieur. Lorsque deux individus se rencontrent en territoire « neutre », celui situé plus haut maîtrise la situation ; s'ils se croisent au sol, le chat « dominant » peut donner une tape symbolique à l'autre.

La mère autorise ses petits à se frotter contre elle

« Moi aussi, je t'aime, mon tout petit. »

Frotti-frotta
Les chats se frottent souvent les uns contre les autres. Celui des deux qui commence, offre une indication sur la structure hiérarchique du groupe. Les chatons ont toujours l'initiative avec leur mère, mais une fois amorcée, la mère rendra la pareille à son petit.

Les humains comme substituts

Certains d'entre nous prennent un grand plaisir à regarder nos chats et à vivre avec eux, mais aussi à s'occuper d'eux. Leur taille, leur sensualité affectueuse, leurs grands yeux qui nous regardent, tout en eux éveille notre besoin inhérent de nous occuper d'autres êtres vivants. Ce sont même parfois de véritables substituts de bébés. Mais nous, que sommes-nous pour les chats ? Pour un chat sociable, les humains sont d'excellents substituts de chats. Nous leur ressemblons pour être un compagnon de jeu et pour apporter une sécurité, mais nous sommes suffisamment différents pour ne pas être menaçants ou concurrents. De maintes façons, les humains sont bien plus agréables à vivre pour les chats que leurs congénères.

Les relations entre félins
Réservée aux « étrangers », l'agression est une attitude rare au sein d'un groupe ou d'une famille. Les chats, contents de cohabiter, dorment ensemble, même l'un contre l'autre, et se lèchent souvent mutuellement. La toilette réciproque renforce les liens.

« Et voilà, tu es tout propre maintenant. »

Se lier d'amitié
Bien que le chat soit à l'origine un chasseur solitaire, un individu « égoïste » centré sur lui-même, un contact précoce et régulier avec les êtres humains modifie son sens de l'indépendance. L'aptitude du chat à rester seul à la maison en a fait aussi notre compagnon préféré.

4 ÊTRE UN CHAT

Il est parfois difficile de se mettre à la place de son chat, de penser comme lui. Nous partageons certes de nombreux sens, comme la vue, l'odorat, le goût et l'ouïe. Mais, d'une part, ses sens sont légèrement différents, et, d'autre part, il possède des capacités supplémentaires, comme la perception du goût de l'eau, de la sexualité (grâce à son organe de Jacobson), et la faculté de s'orienter et vivre confortablement dans un monde en relief.

Notre chat domestique a conservé toutes les capacités de son ancêtre sauvage d'Afrique. Son ouïe est meilleure, notamment en ce qui concerne les sons aigus. Son odorat est plus développé, pour détecter la nourriture et son état de fraîcheur, mais également pour sentir un danger potentiel provenant d'autres espèces. Ses grands yeux, capables d'une forte dilatation, captent suffisamment de lumière pour chasser à la tombée de la nuit et au lever du jour. À l'arrière de la rétine, une membrane semblable à un miroir amplifie la lumière disponible. À l'inverse, dans une forte luminosité, les pupilles se rétractent en une petite fente semblable aux lunettes fendues des Inuits.

S'appuyant sur toutes ses dispositions très développées de petit prédateur florissant, le chat observe le monde qui l'entoure avec plus d'attention que nous ne le faisons. Il remarque ainsi des modifications de notre comportement physique que nous ne percevons pas nous-mêmes. Avec leur spectaculaire gamme de sons et de tons, les chats expriment leurs sentiments et leurs émotions à l'égard de leurs congénères, mais aussi envers nous, d'une façon qui nous semble simple à comprendre.

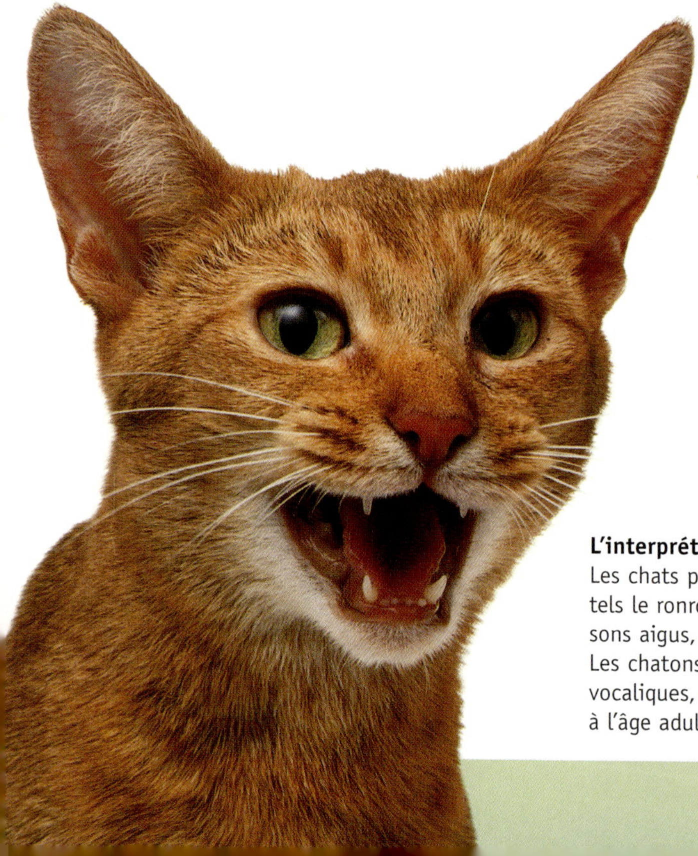

Décontraction totale
Dans la sécurité de nos foyers, le chat n'a pas besoin de trouver un abri pour se reposer. Lorsqu'il ne mange pas ou ne participe à aucune activité, il dort. Cela l'occupe généralement 18 heures par jour.

L'interprétation du langage des chats
Les chats partagent une gamme de doux murmures, tels le ronronnement ou le « roucoulement », et de sons aigus, lorsqu'il crache ou feule, par exemple. Les chatons expriment leurs exigences par des sons vocaliques, des « miaous » qui se perpétuent à l'âge adulte.

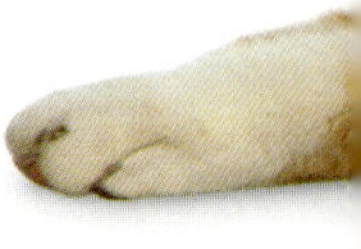

Les carnivores ont besoin de faire régulièrement leur toilette. Tuer est parfois salissant, mais comme le chat est rarement concurrencé pour manger sa proie, il prend le temps de l'apprécier et s'applique à la dévorer posément et proprement. Il fait ensuite sa toilette de façon tout aussi rituelle, se léchant le poil et appliquant de la salive sur la patte pour la frotter ensuite sur les parties qu'il n'atteint pas directement avec la langue. En général, après la toilette, le chat dort. Il dort beaucoup, en moyenne plus de 18 heures par jour.

Pendant des millénaires, le chat a été un animal autosuffisant, ne s'occupant que de sa personne et ignorant les autres. Tout ce qu'il fait, il le fait pour lui-même. L'altruisme est totalement étranger au caractère félin. Si votre animal vient se blottir contre vous, lorsque vous êtes au lit ou malade, n'allez pas croire que c'est pour vous réconforter, c'est uniquement pour votre chaleur et le sentiment de sécurité que vous dégagez.

Le chat communique ses sentiments à distance, par la position de ses oreilles, son regard et la voix. Il est très doué pour exprimer brutalement le rejet. Nettement plus discrets, ses signaux d'accueil nous sont plus difficiles à interpréter.

Tous les chats partagent des traits de caractère communs, mais chacun a une façon unique de les manifester, selon son sexe, son héritage génétique et son apprentissage précoce. C'est ainsi qu'une même portée comporte des personnalités différentes, même si les chatons sont de même sexe. Chaque chat est unique.

D'efficaces toiletteurs
La propreté est importante pour la santé et la vitalité de la peau et du poil. La langue râpeuse du chat est parfaitement adaptée pour débarrasser son poil des nœuds et des saletés. Certains chats à poils longs avalent des boules de poils lorsqu'ils se lèchent ainsi.

Un artiste de cirque né
Marcher sur une corde raide nous est quasi impossible. Chez le chat, c'est une capacité complètement acquise dès l'âge de 12 semaines, grâce à l'organe de l'équilibre situé dans l'oreille et à sa rapidité de réaction.

Les habitudes alimentaires

LE CHAT EST UN CHASSEUR opportuniste. À l'état sauvage, il survit en se nourrissant de ce qu'il parvient à chasser ou à trouver. Dans nos foyers, ses habitudes alimentaires sont très différentes. Le chat domestique choisira généralement de consommer 10 à 20 petits repas par jour, y compris la nuit. Il aura également un régime plus varié que ses cousins autonomes et, bien que les croquettes déshydratées ne fassent pas partie du régime naturel du chasseur, nos animaux familiers préfèrent souvent ces aliments préparés.

Les chats gras

Les chats ne grossissent que si la quantité de calories consommées dépasse la quantité dépensée. Les chats sauvages sont rarement gros, mais ceux qui vivent chez nous le sont parfois. Selon les vétérinaires, plus d'un tiers des chats qu'ils reçoivent sont trop gros ou même obèses. La stérilisation accroît la prédisposition à l'obésité, il faut donc réduire leur consommation de 10 à 20 %.

Manger en bonne entente
Pour éviter de se trouver en concurrence avec ses petits, la mère mange à part, en extrayant sa nourriture du bol. Lorsqu'elle reçoit un gros morceau, elle commence par l'émietter avant de manger les petits bouts un à un.

Le confort et la sécurité
Installé pour manger, ce chat adopte une position ramassée, les pattes avant bien en arrière pour plus de confort. Il enroule la queue autour de lui pour que personne ne marche dessus et qu'il puisse se concentrer sur son repas.

Des morceaux déshydratés
Alors qu'on lui offre des aliments déshydratés pour la première fois, ce chat les examine avec inquiétude.

Des dents pour cisailler
Avec ses dents carnassières, situées sur le côté, le chat détaille les gros morceaux avant de manger. Avec ses petites incisives de devant, il découpe de minuscules bouts de viande ou de poisson.

Le chat et la crème
Avec leur langue mobile, les chatons prennent quatre ou cinq lampées avant de les avaler. Ils boivent méticuleusement, faisant rarement tomber une goutte.

L'odorat et le goût

LE NEZ DU CHAT est pourvu de deux fois plus de récepteurs olfactifs que le nôtre. Il renifle pour obtenir des informations sur la nourriture, la présence d'autres chats ou un danger potentiel. Grâce aux odeurs, il saura si le propriétaire du territoire est un matou ou si une femelle est en chaleur. Il est attiré vers la nourriture par son odorat et non par son sens du goût. Il ne goûtera jamais quelque chose avant de le sentir d'abord. Ses papilles gustatives, très sensibles, sont réceptives aux goûts salé, amer et acide, mais pas au goût sucré. Si un chat adore le chocolat, c'est qu'il aura été bêtement dressé à l'aimer ou que l'intervention humaine dans la sélection d'une lignée a fait des dégâts.

L'organe de Jacobson aspire de l'air

Mémoriser les odeurs
En reniflant l'urine d'un congénère dans une touffe d'herbe, ce chat absorbe l'odeur avec l'organe de Jacobson dédié aux « odeurs sexuelles ». Des cellules de cet organe, situé sur le palais, piègent les molécules d'odeurs qui sont transformées en signaux électriques, transférés au cerveau. Une banque de mémoire des odeurs est ainsi créée.

« Eh ! dis ! tu la vois, ma langue râpeuse ? »

Avec les papilles cornées de sa langue, le chat se lèche le poil et racle les restes de viande sur des os

Un outil de toilette
La langue de votre chat est longue, musclée et flexible. Les papilles, semblables à du papier de verre, servent pour la toilette. Les papilles gustatives, aux récepteurs sensibles au goût de l'eau, sont situées sur l'extrémité, les côtés et le fond de la langue.

Les yeux écarquillés témoignent de l'excitation provoquée par l'herbe-aux-chats

Un aphrodisiaque félin
L'herbe-aux-chats active les connexions biochimiques du chat et le stimule. L'odeur est absorbée par l'organe de Jacobson et le chat se roule de plaisir. C'est le même comportement qui précède et suit l'accouplement. Seule la moitié des chats adultes renifleront, lècheront ou mâchouilleront l'herbe-aux-chats.

Administrer des comprimés

Les fabricants de médicaments pour chat ont produit une série de comprimés appétissants, mais le goût et l'odeur sont tout de même difficiles à masquer. Les papilles gustatives du chat ne réagissent pas au sucré, additif répandu pour rendre les médicaments alléchants. Il est toujours possible de glisser un comprimé dans des friandises, cependant il est souvent nécessaire de l'administrer avec un instrument spécial.

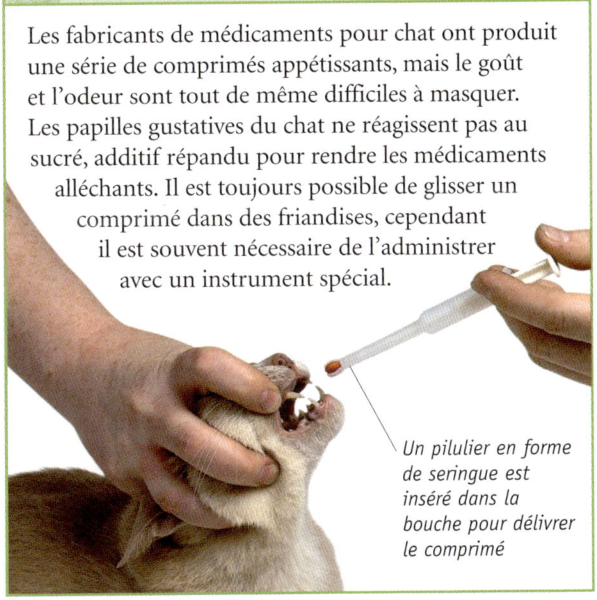
Un pilulier en forme de seringue est inséré dans la bouche pour délivrer le comprimé

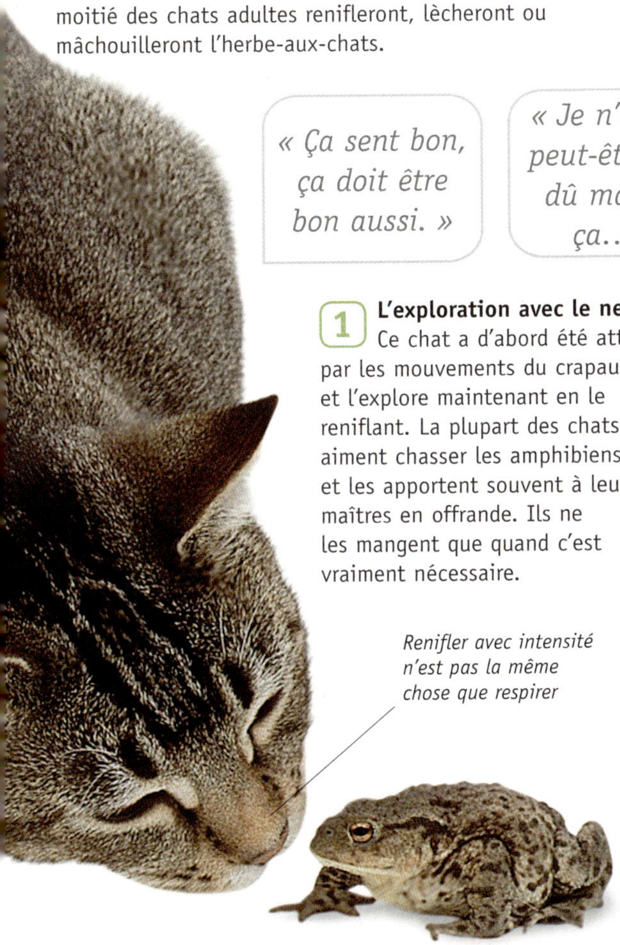

« Ça sent bon, ça doit être bon aussi. »

« Je n'aurais peut-être pas dû manger ça... »

1 L'exploration avec le nez
Ce chat a d'abord été attiré par les mouvements du crapaud et l'explore maintenant en le reniflant. La plupart des chats aiment chasser les amphibiens et les apportent souvent à leurs maîtres en offrande. Ils ne les mangent que quand c'est vraiment nécessaire.

Renifler avec intensité n'est pas la même chose que respirer

2 Une réaction radicale
En cas de saveur déplaisante, le chat salive pour tenter de vite s'en débarrasser. L'absorption de médicaments provoque parfois cette réaction.

La voix du chat

VOTRE CHAT USE DE LA VOIX pour vous accueillir quand vous rentrez à la maison, pour quémander son repas, exiger de l'attention, appeler un partenaire, se plaindre ou menacer. Qu'il soit fâché, anxieux ou satisfait, l'humeur de votre chat est perceptible au son de sa voix. À l'âge de douze semaines, le chaton maîtrise toute la gamme du vocabulaire félin, qui comprend au moins seize sons différents. Il est probablement capable d'en distinguer plus. Certains individus et certaines races, particulièrement le Siamois, sont plus loquaces que d'autres.

Feuler et cracher
Effrayé par un danger, ce chat enroule sa langue pour projeter de l'air chaud. Le bruit sert à intimider, mais la sensation et l'odeur du jet sont tout aussi importantes.

Un miaou quémandeur
Ce chat affamé miaule plaintivement pour avoir à manger. L'inflexion et l'intonation des miaulements permettent d'exprimer toute une gamme de sentiments. Son miaulement est parfois si aigu et inaudible à nos oreilles que la demande n'est perceptible qu'à son attitude.

Un ronronnement maternel
Cette mère satisfaite émet un ronronnement régulier pendant que ses chatons tètent. On ne connaît pas l'origine du ronronnement, mais peut-être que le son sort de derrière le larynx. Comme le larynx lui-même ne sert pas, le chat peut miauler en même temps.

Une crise d'angoisse
Ce chaton pousse des cris de détresse, semblables à ceux d'un bébé humain, lorsqu'il a faim, froid ou quand il a perdu sa mère.

La langue des chats

Le langage des chats comprend trois catégories de sons. Les murmures incluent le ronronnement et le « roucoulement » pour exprimer la satisfaction. Une mère miaule très doucement pour appeler ses petits. Pour réclamer, se plaindre ou s'il est désorienté, le chat émet des sons tels que « miaou », « miou », « méou », « miéo ». Les sons forts sont le grognement, le feulement, le grincement de douleur ou de peur, le crachement et l'appel de la femelle en chaleur.

Le grognement
Ce chat agacé grogne de mécontentement. Il commence par figer ses mâchoires et émettre un grondement sourd. Enfin, il se mettra à cracher s'il souffre ou cherche à intimider des intrus. Bien que produit par le larynx, le grognement, qui n'est pas un son vocalique, sort parfois d'une bouche presque fermée.

Un ronronneur béat
Confortablement vautré sur un coussin, ce chat ronronne béatement. Le ronronnement exprime généralement la satisfaction et un sentiment de sécurité. Mais un chat contrarié se mettra aussi à ronronner pour réduire sa détresse.

L’appel de la nature

On estime à 400 millions le nombre de chats qui vivent dehors, chassant, mangeant et se reproduisant sans intervention humaine. Beaucoup d’autres vivent au sein de notre communauté. Si certains chats sauvages rejoignent nos foyers, certains de nos chats familiers partent volontiers retrouver leur entière indépendance.

L'équilibre et l'ouïe

LA MYSTÉRIEUSE HABILETÉ DU CHAT à toujours retomber sur ses pattes, en parfait équilibre, est directement liée à son excellent sens auditif. Il a, au fond de l'oreille, un organe de l'équilibre, le vestibule, rempli de fluide, de minuscules cristaux et de millions de cellules ciliées. Celles-ci orientent instantanément le chat pour qu'il se redresse. L'ouïe, associée à ce sens de l'équilibre, est plus fine que chez le chien ou l'humain, et si fine que la chat est capable de distinguer le moteur de votre voiture de celui d'une autre de même taille et marque.

1 Trouver ses repères
Tombant de haut, ce chat commence à se redresser. Transmis par l'organe vestibulaire, les premiers messages font pivoter la tête.

2 Se contorsionner
Une fois la tête et les oreilles à l'endroit, le chat est capable de compléter son rétablissement. Se contorsionnant au niveau de la taille, il redresse vivement le haut de son corps pour se préparer à atterrir, alors que son arrière-train est encore orienté vers le haut.

Capter les sons
Les proies naturelles du chat sont souvent dissimulées dans les hautes herbes. En pivotant les oreilles, le chat localise précisément le bruit et le transmet au tympan. Cela lui permet de savoir où bondir.

L'organe vestibulaire

L'organe de l'équilibre, le vestibule, situé dans l'oreille interne, est composé de canaux remplis de fluide, de microscopiques cristaux flottants, et tapissés de cellules ciliées. Lorsque le chat se déplace, les cils détectent le mouvement des fluides et des cristaux, qu'ils transmettent au cerveau. Ce dernier réagit en donnant des ordres d'orientation au corps. Cet organe est sensible aux infections et aux produits chimiques.

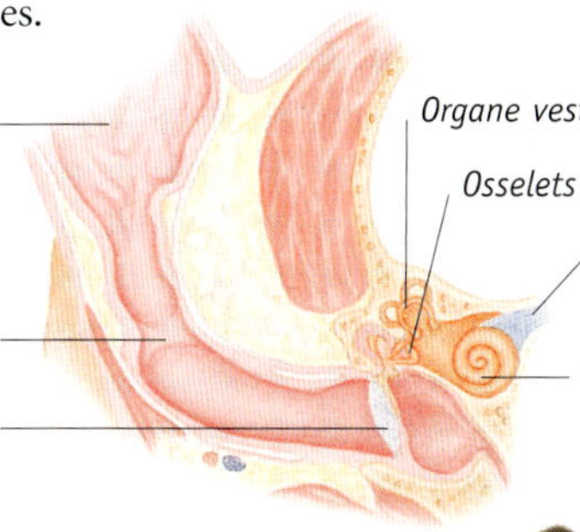

La surdité des chats blancs
Ce chat blanc aux yeux bleus souffre d'une surdité génétique. En présence d'un bruit, il ne tourne pas la tête, ni les oreilles, pour tenter de le capter. Les chats blancs aux yeux vairons, l'un bleu et l'autre jaune, sont souvent sourds du côté de l'œil bleu.

« Quel bel atterrissage ! »

3 Absorber le choc
À l'approche du sol, le chat étire ses pattes avant. Désarticulés par rapport au reste du corps, les membres antérieurs absorbent le choc pour éviter les blessures. Le corps continue à se redresser grâce aux indications données par le cerveau.

Les membres antérieurs étirés pour entrer en contact avec le sol

4 Atterrir les pattes en avant
Prêt à atterrir sur ses pattes avant, le chat regarde le point de contact avec le sol. Ses muscles sont détendus pour éviter les risques de rupture.

Les membres antérieurs servent d'amortisseurs

Les yeux du chat

LES YEUX sont l'un des organes les plus remarquables et fascinants chez le chat. Parfaitement adapté à ces chasseurs opportunistes, l'œil est conçu pour capter le maximum de lumière. La surface, ou cornée, est courbe et la lentille est très grande comparée aux autres éléments de l'œil. Les pupilles se dilatent dans la pénombre ou lorsque le chat est excité ; dans la lumière vive, elles se rétractent en d'étroites fentes, aussi efficaces que des lunettes de soleil.

Voir dans le noir
Lorsque la lumière est faible, les pupilles se dilatent, devenant quasi sphériques, et absorbent toute la lumière possible. Contrairement à la croyance populaire, le chat ne voit pas mieux que nous dans le noir absolu, mais uniquement dans une forte pénombre.

Pupilles rétractées en fentes étroites

Une protection contre l'éblouissement
Ses pupilles pas plus larges qu'une aiguille, permettent à ce chat de fixer le soleil sans endommager sa rétine. Grâce aux muscles de l'iris, les pupilles changent de forme selon la lumière. En pleine lumière, il ne reste plus que deux minuscules fentes en haut et en bas.

Les soins des yeux

Lors des combats face à face, assez fréquents entre chats en concurrence pour un territoire, les yeux sont particulièrement exposés. Suite à ces bagarres, les infections oculaires bactériennes (conjonctivite) sont fréquentes, mais les égratignures et les yeux crevés sont plus rares. Les affections oculaires résultent cependant le plus souvent d'infections virales et bactériennes transmissibles. Il existe des vaccins pour prévenir ces infections parfois responsables de graves blessures à la cornée.

La perception visuelle du chat
Le chat perçoit le bleu et le vert, mais pas le rouge. Ce n'est pas un gros handicap, car l'odorat et le goût, plutôt que la vue, permettent de distinguer une proie. Le chat fait la mise au point au centre de l'image, les contours demeurant flous. Les images, à droite, témoignent des différences entre notre vision et celle du chat. Il est capable de fixer des objets tout en se déplaçant très vite car, grâce à son extraordinaire souplesse, sa tête reste stable.

La vision humaine

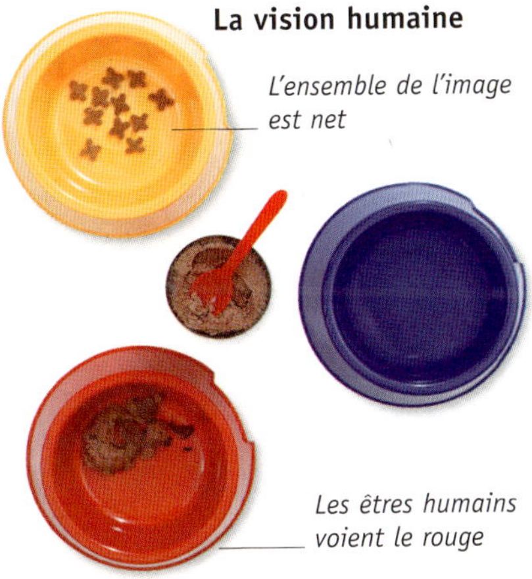

La vision du chat

« Je te vois même dans le noir. »

Une dilatation spectaculaire
Lorsque le chat réagit à l'impulsion de « fuite ou attaque », ses pupilles se dilatent. Le champ de vision s'élargit considérablement et permet au chat d'avoir une perception plus grande du danger potentiel.

Vision binoculaire

Le chevauchement du champ visuel des deux yeux permet une vision binoculaire. Voir en trois dimensions est essentiel pour le chasseur félin afin d'évaluer les distances avec davantage de précision.

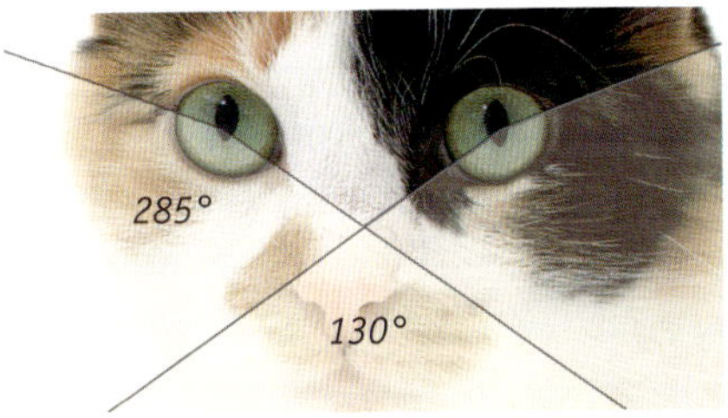

La vision du chat
Lorsque votre chat regarde vers l'avant, 130° sur les 285° du champ de vision sont binoculaires.

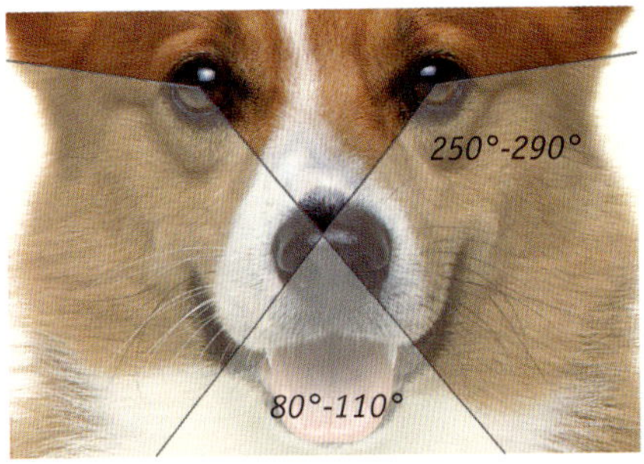

La vision du chien
Chez le chien, les yeux sont situés sur le côté de la tête, avec une superposition binoculaire de 110°.

Le toucher

LE SENS DU TOUCHER du chat est sans cesse en éveil pour lui permettre de collecter des informations sur son environnement. Les récepteurs sensoriels les plus développés se situent sur les moustaches qui, dépassant la largeur de l'animal, l'aident à se déplacer avec assurance. Grâce à ces antennes, il est capable, par exemple, d'évaluer s'il peut se faufiler ou non par un passage étroit. D'autres récepteurs tactiles, sensibles à la pression et à la texture, réagissent à une caresse ou au type de surface sous les pattes. Le corps du chat est entièrement parsemé de récepteurs spécialisés dans la détection du chaud et du froid. Sa préférence pour la chaleur d'un feu ou d'un radiateur vient peut-être bien de ses ancêtres d'Afrique.

Se saluer du bout du nez
Ce chaton salue un chat de sa connaissance, en lui reniflant le nez. Les récepteurs tactiles du nez sont opérationnels dès la naissance et permettent aux petits de retrouver leur mère.

L'évaluation de l'espace
Grâce à ses moustaches, ce chat évalue s'il peut se faufiler ou non entre les poteaux de cette barrière. Une fois la tête passée, il oriente ses moustaches vers la surface en-dessous.

Jouir du confort
Ce chaton apprécie la sécurité et le confort des jambes de cette petite fille. Adulte, il n'adoptera plus cette position et n'acceptera pas forcément de se laisser gratouiller le ventre. C'est une position bien trop exposée.

Ce chat, installé à côté du radiateur, est parfaitement satisfait

À la recherche de la chaleur
Les chats adorent la chaleur. Ils supportent des températures bien plus élevées que nous. Au-delà de 44 °C, nous commençons à nous sentir mal, mais, pour eux, il faut que leur peau atteigne les 56 °C.

Les moustaches

Au-dessus des yeux, sur le museau ou sur les coudes, les moustaches du chat ont de nombreuses terminaisons nerveuses. Lorsque ces poils, semblables à des antennes, frôlent des objets, les terminaisons reliées au nerf optique transmettent des messages au cerveau. Les vibrisses captent même le mouvement de l'air et, la nuit, permettent au chat de se déplacer sans danger. Si le chat perd ses moustaches, il risque de se cogner aux objets dans l'obscurité, mais elles finissent par repousser.

La toilette

LA TOILETTE n'est pas seulement une affaire d'hygiène, c'est également un comportement réflexe. Tout comme il arrive à un être humain de se gratter la tête en réfléchissant, il arrive au chat d'avoir un besoin soudain de faire sa toilette. Il se livre généralement à cette activité lorsqu'il est détendu, mais il le fait aussi lorsqu'il a peur. La toilette entretient le poil et, en séchant, la salive contribue à réguler la température de l'animal. Le chat est naturellement propre. Il choisira instinctivement un lieu spécifique pour faire sa toilette, puis procédera à un nettoyage méticuleux de son poil. Le léchage active une glande de la peau qui produit une pellicule huileuse pour imperméabiliser le poil. Avec sa langue râpeuse, parsemée de petites pellicules, le chat se débarrasse des nœuds et des poils morts. Avec ses dents de devant, il mordille les débris et autres saletés. Les chats à poils longs doivent être toilettés souvent pour éviter les nœuds.

La patte levée pour faciliter la tâche

Un nettoyage complet
Ce chat lève la patte, puis se penche pour se nettoyer. En le débarrassant du poil souillé ou emmêlé, la toilette stimule les glandes anales et périanales productrices d'odeurs.

La queue et l'autre patte arrière sont posées à plat pour l'équilibre

« Merci ! Je n'y arrivais pas tout seul. »

La toilette mutuelle
Ce chaton lèche sa mère derrière les oreilles, apportant une solution à un problème anatomique. Elle est totalement détendue. Le toilettage mutuel est une façon d'entretenir les relations entre la mère et ses rejetons.

Du bout de la queue à l'extrémité des oreilles
Grâce à la souplesse de sa colonne vertébrale, ce chat est capable d'atteindre presque tout son corps avec la langue. Tournant la tête à près de 180°, il mordille des impuretés et la peau morte sur son dos. Le chat ne suit pas un ordre déterminé, il procède au hasard.

« Une bonne toilette, rien de tel pour se sentir bien ! »

1 Une routine quotidienne
Si votre chat fait sa toilette après vos caresses, c'est pour goûter votre odeur ou pour la masquer avec la sienne. Il suit toujours le même rituel de nettoyage. Il applique de la salive sur l'intérieur de sa patte avant, puis la frotte d'arrière en avant sur le côté de son museau.

2 Se laver derrière des oreilles
Terminant un vaste cycle de nettoyage, il ramène la patte par-dessus l'oreille. Appliquant de la salive pour un dernier rinçage, il se passera la patte sur les yeux pour finir. Votre chat apprécie les caresses sur la tête, car c'est un endroit qu'il ne peut atteindre avec la langue.

Beau et propre
Les chats sont des maniaques de la toilette, habitude indispensable pour une espèce qui tue pour manger, mais aussi appréciée des humains avec lesquels ils partagent leur foyer. Un chat perd chaque jour autant de liquide par la salive qu'en urinant.

Les siestes du chat

VOTRE CHAT passe plus de 18 heures par jour à dormir, deux fois plus que la plupart des mammifères. On ne sait pas exactement pourquoi. Ils semblent préférer faire leurs siestes durant le jour et être actifs tôt le matin et tard le soir, quand la chasse est plus rentable. Lorsque votre chat commence à somnoler, il entre dans un sommeil léger dont il sort très aisément. Au bout de 10 à 30 minutes, son corps se détend complètement, il change de position et entre dans une phase de sommeil profond. Au réveil, le chat procède à tout un rituel qui inclut le bâillement, l'étirement et la toilette.

Les chats rêvent-ils ?

Le sommeil n'est pas un état passif. Durant le sommeil profond, il arrive au chat de remuer les pattes ou les moustaches. Il est fort probable qu'il soit en train de rêver. Et, à en juger par la quantité d'activité électrique du cerveau, il est aussi actif qu'en éveil. Le sommeil paradoxal des chats est semblable à celui des humains. Après sept minutes de sommeil profond, le chat revient au sommeil léger, puis le cycle reprend.

Roupiller de plaisir
Ces jeunes chatons sommeillent ensemble, appréciant leur chaleur et la sécurité du panier. En grandissant, ils auront tendance à dormir seuls, mais en choisissant toujours des coins chauds et protégés, comme des placards ou votre lit.

Le bâillement
Se réveillant doucement, le chat commence par bâiller largement pour étirer les muscles de ses mâchoires. Chez les autres espèces, le bâillement est un signe de nervosité, mais chez le chat, cela ne semble pas être le cas.

L'étirement du dos
Sortant du sommeil, ce chat resserre ses pattes et tire sur celles de derrière. Il teste ses muscles en arrondissant le dos. Il lui est vital de se maintenir au mieux de sa forme afin d'être prêt à produire les explosions nécessaires au chasseur.

L'étirement
Après avoir arqué le dos, le chat étire ses pattes, ses griffes et le cou vers l'avant. La circulation aux extrémités reprend normalement et son sens du toucher est réactivé.

La toilette du réveil
La toilette est le point d'orgue de l'étirement, une activité semblable à notre toilette du matin.

Matous et femelles

IL EXISTE QUELQUES DIFFÉRENCES SUBTILES de comportement entre le mâle et la femelle.
Les mâles entiers (non stérilisés) sont généralement plus destructeurs et plus actifs. Les femelles sont habituellement plus joueuses, affectueuses et propres. Les mâles dominent de plus grands territoires, qu'ils marquent de leur urine odorante. Ils se battent pour les défendre et pour le droit de s'accoupler avec les femelles qui s'y trouvent. La stérilisation contribue à réduire ces besoins, mais n'agit pas toujours dans les mêmes proportions. La castration doit se faire avant la puberté, pour éviter le développement des caractères sexuels secondaires. Réalisée après, ces caractères seront présents.

Le matou
Les caractères sexuels secondaires, tels le poitrail fourré et la peau du cou épaisse, sont présents chez ce chat, car il n'a pas été stérilisé. De la même façon, un lion stérilisé avant la puberté n'aura pas de crinière.

« Je suis raffinée, parce que je suis une dame. »

La femelle entière
Le museau et l'ossature délicate de cette femelle sont caractéristiques de son sexe. Son corps est, en outre, plus petit que celui d'un mâle. Chez certaines races, la femelle ne fait que 60 % de la taille du mâle.

Une femelle stérilisée
Les effets de la stérilisation sur la femelle sont nettement moins spectaculaires que chez le mâle. Le mâle et la femelle entiers ont des comportements très différents, mais, une fois stérilisés, tous deux se comportent plutôt comme la femelle entière. La stérilisation réduit le besoin de rôder et votre chat ne s'éloigne plus trop de votre jardin.

Un mâle castré
Il ne semble pas que la stérilisation agisse sur l'excitabilité et la destructivité du chat mâle. Par contre, la stérilisation tardive est aussi efficace que celle précoce sur les comportements désagréables liés à la sexualité.

Des matous à la peau dure

Les chats se battent pour des territoires de chasse. Mais, comme la plupart des mammifères, les matous se livrent également des combats face à face, pour la possession d'aires de reproduction, au cours desquels ils s'infligent généralement des blessures à la tête. C'est pourquoi ils ont la peau plus épaisse au niveau des bajoues et du cou, ce qui donne au chat (entier) une apparence joufflue. Il arrive que la peau du cou soit tellement dure qu'elle est impossible à percer et qu'il faut faire les piqûres ailleurs.

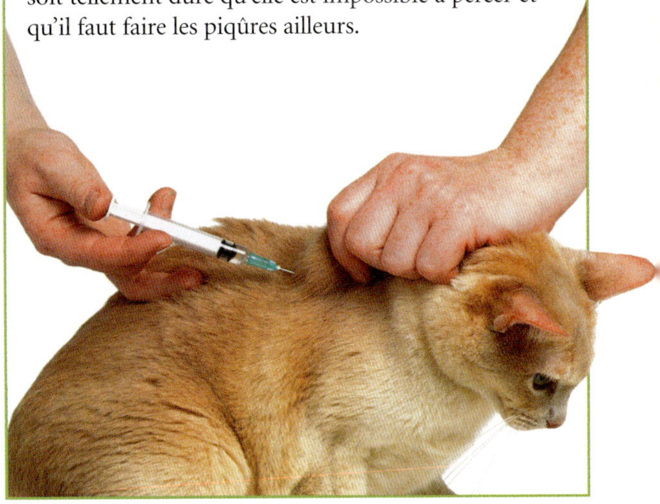

Une personnalité

TOUS LES CHATS partagent certains traits de caractère, mais chacun a sa propre personnalité. Certains sont amicaux, assurés et audacieux, d'autres nerveux, craintifs et timides. En partie génétique, la personnalité est héritée de la famille, mais la sélection artificielle n'est pas parvenue à créer autant de différences de caractères que chez le chien. L'expérience acquise à un âge précoce contribue aussi à forger la personnalité. Les chatons souvent caressés et qui jouent avec des humains deviennent plus confiants. La personnalité du chat peut parfaitement être décrite avec les définitions réservées aux êtres humains. Le chat extraverti ou ouvert est sociable, vif, péremptoire et aventureux ; le chat névrosé ou réservé est timide, lunatique, émotif, tendu et anxieux.

Une personnalité joueuse
Pour parfaire leur développement social, les chatons se pelotonnent les uns contre les autres, se touchant la tête. Élevés sans jouer avec d'autres chatons, ils n'acquièrent pas tous ces comportements propres à leur espèce.

Un individu extraverti
Lorsqu'ils sont vifs, les chatons jouent à se frapper et à se provoquer. Ce type de comportement extraverti conduit généralement le chat à avoir le même comportement à l'âge adulte. Il reste cependant difficile à anticiper.

« Trop lent, frérot ! Tu m'as loupé. »

Des races et des couleurs

Certaines races, dont les plus récentes, comme le Ragdoll, sont réputées décontractées. D'après des études, les races Foreign ou orientales seraient plus bruyantes et sociables, alors que les chats à poils longs auraient davantage de retenue que la moyenne des chats. Chez le renard ou le chien, des différences de comportements et de personnalité entre populations dorées, argentées ou noires ont été observées. Pour le chat, aucune étude existe sur ce lien entre personnalité et couleur de robe.

Un adulte prudent
Bien que lent, discret et moins réactif qu'un chat extraverti, le chat prudent apprend souvent plus rapidement et il est plus facile à dresser.

Un chaton dominant
Ce chaton, physiquement dégourdi, joue à se battre avec son frère. Cette activité sociale renforce son caractère ouvert. Dominant lorsqu'il est petit, le chat le reste une fois adulte, puisque cette caractéristique est présente dans ses gènes.

Un minou timide
Vigilant, tendu et solitaire, le chat introverti apparaît derrière un panier. Manquant d'assurance et souvent craintif ou hostile envers les gens et autres chats, son caractère est façonné dans les cinq premières semaines de sa vie.

Les expressions du chat

AUX YEUX DES ÊTRES HUMAINS, le visage du chat est souvent impénétrable, mais pour ses congénères, le moindre changement d'expression signifie bien des choses. N'étant pas un animal sociable, il n'a pas vraiment besoin de signaux pour coopérer. La position des oreilles est le meilleur indice de l'humeur du chat. Contrairement à l'être humain, ou au chien, le chat ne dispose pas d'une vaste gamme d'expressions faciales ou de gestes de bienvenue, comme de battre de la queue pour vous faire la fête. Il se contente d'une expression détendue et éveillée, même lorsqu'il est content de voir son maître. Le visage du chat est, par contre, extrêmement expressif lorsqu'il vous dit au revoir. Ses oreilles, ses yeux, ses moustaches et sa bouche sont sans ambiguïté sur le sens du message.

Tout dans le visage

Le chat est merveilleusement équipé pour transmettre des signaux avec ses oreilles. Plus de 20 muscles contrôlent leurs mouvements. Lorsqu'il est détendu, qu'il vous accueille ou qu'il explore, ses oreilles sont orientées vers l'avant. Baissées, elles signalent l'agressivité ; rabattues vers l'arrière, elles sont un signe de peur ou d'agression. Chez certaines races, comme le Maine Coon, les oreilles sont ornées de touffes, accentuant leur position. Les yeux du chat, plus grands que ceux des autres espèces domestiquées, donnent aussi une indication sur l'humeur. Totalement détendu, il laisse ses yeux se fermer. S'il est effrayé, la réaction de « fuite ou combat » se déclenche sans tarder, accompagnée d'une montée d'adrénaline et de la dilatation des pupilles.

Un chat heureux
En fermant leurs yeux à moitié, dans un contentement rêveur, les chats indiquent leur état de satisfaction. Oreilles en avant, ronronnements expriment la détente. Aucune crainte n'est perceptible chez ce chat.

Le chat détendu et éveillé
Cette expression faciale est la plus courante chez le chat. Sans aucune hostilité, c'est celle qu'il utilise pour nous accueillir ou capter notre attention lorsqu'il s'allonge ou s'assied, se tient debout, marche ou trottine.

Le chat ambivalent
Un chat qui remue les oreilles ne sait pas vraiment de quelle humeur il est.

Le chat craintif
Lorsque votre chat a peur, il rabat ses oreilles. Plus la peur est intense, plus elles seront aplaties.

La grimace du Flehmen
Le nez froncé et les babines entrouvertes, signes que le chat sent une odeur d'urine de chatte en chaleur.

Le chat curieux
Le chat curieux dresse ses oreilles en avant pour mieux capter les sons. Ses pupilles sont légèrement dilatées.

Le chat fâché
Agacé, un chat dominant et agressif a les pupilles rétrécies.

Le chat agressif
Les pupilles sont dilatées en signe de peur. Le chat ouvre la bouche pour feuler, cracher et montrer ses dents acérées.

Lire dans les yeux des chats
Regardez n'importe quel chat dans les yeux et vous constaterez sans hésitation qu'il pense, soupèse et décide avant d'agir ou de réagir. Tous partagent la même gamme d'émotions, disposent du même réseau de potentiels, mais chacun est un individu unique avec sa personnalité propre.

5 LA VIE À NOS CÔTÉS

Si votre chat savait parler, croyez-vous vraiment que vous apprécieriez ses propos ? « Fais-ci ! Fais-ça ! », « Occupe-toi de moi ! C'est moi le maître dans cette maison. » Nous imaginons que nos chats vivent avec nous, dans notre foyer, et que nous sommes leur maître. Mais, au fond de nous, nous savons bien qu'ils ne nous appartiennent pas vraiment. Ils vivent avec nous, car ils savent égoïstement que c'est leur intérêt. Par chance, les bénéfices sont mutuels. Ils trouvent chez nous la sécurité, le confort et le couvert, et ils nous offrent la constance, l'intimité et le rappel continu de la beauté de la nature.

Une des décisions les plus difficiles à prendre lorsque l'on vit avec un chat est de le laisser sortir ou pas. À l'extérieur, il est libre de vivre selon ses instincts naturels, de chasser et de rôder. Mais les risques sont importants et, statistiquement, l'espérance de vie est réduite. À la différence du chien, votre chat ne vous considère peut-être pas comme le chef de meute, il n'empêche que c'est vous qui prenez les décisions, et qui êtes responsable de sa sécurité à l'extérieur et de l'organisation de sa dépense d'énergie à l'intérieur. Il est très simple de dresser son chat à revenir et à jouer, selon nos termes plutôt que les siens. Il est tout aussi facile de lui apprendre à faire ses besoins dans une litière, à l'intérieur, ou dans un tas de sable, dehors, et à se servir d'une chatière reliant les deux mondes.

Un contact précoce
S'il est fréquemment caressé entre l'âge de trois et sept semaines, le chaton devient un adulte heureux de vivre avec nous. Il apprendra aussi plus vite que ses congénères privés de contacts sociaux durant cette période formatrice.

Un joueur né
Grâce à la sélection et à l'apprentissage précoce, le chat adulte est un éternel adolescent, souvent content de jouer. Certains jouets sont conçus pour qu'il joue seul, d'autres sont interactifs pour que vous jouiez avec lui.

Les premières rencontres avec les autres membres de la famille, y compris les autres chats et chiens, doivent être menées avec précaution. Il faut veiller à la sécurité, mais également à rendre la séance aussi agréable que possible pour les participants. Il nous revient d'assurer l'harmonie entre les chats qui vivent parmi nous. Elle pourrait être rompue si nous ne comprenons pas les raisons de leurs actes, ce qui se produit souvent. Leur façon de marquer leur territoire en urinant, laissant des déjections et des traces de griffes, représente un exemple d'adaptation brillante d'un point de vue de l'évolution. Cela étant, elle est parfois extrêmement gênante pour les maîtres. Mais, heureusement, avec une petite aide intelligente de notre part, il est possible de canaliser ces comportements naturels du chat dans une direction tout à fait acceptable.

De mon point de vue de vétérinaire en exercice, la caractéristique la plus agaçante chez le chat est sans doute sa tendance à dissimuler les signes de maladie. En tant que responsable de votre chat, vous vous devez d'être attentif à son comportement, de percevoir les signes parfois très discrets d'une maladie et de faire appel au vétérinaire lorsque nécessaire. Vivre avec un vieux chat digne ressemble parfois à la vie avec quelqu'un atteint de la maladie d'Alzheimer. Même dans ces circonstances éprouvantes, notre besoin d'être utile est récompensé par tout ce que nous apporte notre compagnon qui a choisi de partager notre foyer.

Dedans ou dehors ?
Si le foyer offre un accès à l'extérieur, la décision est difficile. L'extérieur offre au chat un exutoire à son besoin de chasser, rôder, marquer son territoire et même se battre, mais les risques sont parfois importants...

La famille composée
Il existe un danger potentiel lorsque chien et chat cohabitent. Ces risques sont réduits si la rencontre du chiot avec des chats est bien préparée, précoce et s'il est impressionné par les feulements, crachements, grognements ou coups de patte.

L'arrivée

CERTAINS CHATS S'ADAPTENT immédiatement à un nouvel environnement, d'autres prennent plus de temps. Préparez votre foyer et votre famille à l'avance. Réservez à votre chat un espace protégé et laissez-lui le temps d'explorer ce nouvel environnement. Une fois chez vous, ouvrez-lui la porte du panier de voyage et laissez-le aller à son rythme. Pour briser la glace, poser en évidence un petit bol de nourriture ou quelques friandises. Dès que possible, mettez-lui un collier et une plaque d'identité, au cas où la porte resterait ouverte et qu'il s'enfuirait. Donnez-lui de préférence un nom court et sonore, puis servez-vous-en chaque fois que vous l'appelez.

« Ce collier sera très pratique si je me perds. »

« Voilà ce que j'appelle le confort ! »

Un espace pour dormir
À vous de décider où faire dormir votre chat. Sa tendance naturelle dépend de son âge et de son expérience. Un chaton choisira peut-être de dormir avec vous, alors qu'un chat plus vieux et indépendant cherchera sans doute un petit recoin bien à lui.

Un collier d'identification
Un collier orné d'une plaque gravée de votre numéro de téléphone est le moyen d'identification le plus visible et la garantie de vite retrouver votre chat perdu. Mais le plus fiable est d'implanter, sous la peau du cou, une puce électronique.

Grimper

Dans les années 1990, des chercheurs canadiens travaillant sur l'oreille moyenne du chat, se sont aperçus qu'elle était non seulement conçue pour un axe de rotation fixe, mais également pour s'accommoder au mouvement en trois dimensions. Cette découverte apportait une explication anatomique à l'excellent équilibre en trois dimensions du chat et, plus pragmatique, à son goût pour grimper aux rideaux. Quelle que soit la taille de votre nouvel animal, il aura la capacité, et sans doute l'envie, de grimper. Il s'attaquera d'abord à vos jambes, puis aux rideaux… en s'aidant de ses griffes comme de crampons. Pour éviter cela, fournissez-lui son propre poteau d'escalade.

Les habitudes alimentaires
Un déménagement est une expérience angoissante pour un chat. Aussi, il vaut mieux continuer à lui donner les mêmes aliments qu'avant, pendant quelques jours. Il faut le nourrir au même endroit et au même au moment de la journée.

« Mais où suis-je ? Où sont passées toutes mes affaires ? »

L'acclimatation
Tous les chats ont besoin de temps pour s'acclimater à un nouvel environnement. Demandez à vos enfants d'être calmes et silencieux autour du nouvel arrivant. Laissez l'animal explorer la pièce dans laquelle vous l'avez installé. Il découvrira la litière, dans un coin, puis l'eau et la nourriture, situées bien à l'écart de la litière. Donnez-lui quelques jouets pour l'encourager à s'amuser. Montrez-lui aussi la planche ou le poteau à griffes, un témoin de son territoire à placer à côté de son aire de repos.

Votre meilleur ami

LA SATISFACTION que nous éprouvons à nous occuper d'êtres vivants est à l'origine de notre survie en tant qu'espèce. C'est pour cela que nous éprouvons un tel plaisir à partager notre vie avec un chat. En restant d'éternels enfants dépendant de nous pour la vie, ces animaux comblent aussi notre besoin de materner. Les caresser satisfait notre désir d'intimité. Leur parler, les toucher, les regarder dans les yeux entretient ces liens privilégiés, parfois plus facilement qu'avec une personne. Les chats sont une source de constance rassurante dans notre vie et nous nous plaisons à l'interpréter comme de la fidélité.

« J'aime bien les gratouillis sous le cou. »

« Intéressante, l'odeur de cette tête. »

En sécurité sur le sol
Les chatons se sentent plus en sécurité sur le sol. Ils aiment bien se faire caresser, notamment sous le menton, car cela satisfait leur besoin de laisser leur odeur là où ils vivent.

Le chaton se débat, car il ne se sent pas en sécurité

Apprendre à nouer des relations
Les caresses et le jeu avec nous apprennent aux chatons à créer des liens sociaux. L'enfant apprend également que ces échanges ont une durée limitée.

La domestication

Sous des dehors semblables à son ancêtre d'Afrique, le chat domestique cache des différences significatives. Le chat sauvage n'aime pas être touché, même par ses congénères, alors que le chat domestique se complaît dans l'intimité physique. La différence la plus spectaculaire réside dans la taille du cerveau du chat domestique, un tiers plus petit que celui de son ancêtre. Les facultés de réflexion ne sont pas réduites pour autant, mais la capacité cérébrale autrefois nécessaire à certaines tâches est devenue inutile. La représentation territoriale, la traque de proies et le sens de l'orientation pour retrouver son domaine ont perdu de l'importance.

Le chat est détendu, en confiance avec son compagnon

Le confort absolu
Allongé au chaud, votre chat se détend complètement. Il piétine vos jambes avec ses griffes, un comportement de confort, et témoigne de sa satisfaction en retournant la tête pour donner un petit coup de museau amical.

Une relation d'intimité
Caresser son chat est une activité très relaxante. Installé sur votre poitrine, content des caresses, c'est un auditeur parfait. Il vous perçoit comme une mère de substitution, exempte de tous les comportements concurrents habituellement présents entre chats.

Une satisfaction mutuelle
Parfaitement détendue, la mère lèche la main, comme elle le ferait à ses propres chatons, et apprécie les caresses que vous lui prodiguez sous le menton.

Le meilleur ami de votre chat

LES ÊTRES HUMAINS sont de bons substituts. De bien des façons, le chat entretient des relations plus chaleureuses et conviviales avec nous qu'avec ses congénères. Ne représentant aucune menace, nous sommes des compagnons presque parfaits. Nous ne sommes pas en concurrence pour la nourriture, un territoire ou la domination sexuelle, facteurs importants dans les rapports entre chats. S'ils ont été élevés à nos côtés, ils nous considèrent assez félins pour être traités comme des égaux, mais suffisamment différents pour ne pas représenter un danger. Le chat et l'humain peuvent nouer une relation de dépendance et d'amitié durable, l'animal tenant l'humain pour une mère toute puissante.

Le brossage
Il faut généralement toiletter les races à poil long pour démêler le poil et maintenir leur robe propre. La plupart des chats aiment être brossés, car cela leur rappelle les coups de langue de leur mère lorsqu'ils étaient chatons.

L'heure du repas
La mère se dresse pour demander son repas, reniflant avec curiosité. C'est le comportement qu'adopte le chaton lorsque la mère revient au nid avec une souris, après une séance de chasse.

En bonne santé
La bonne santé du chat est, en grande partie, de la responsabilité de son maître, et la visite régulière chez le vétérinaire est une nécessité. Apprenez-lui alors à voyager dans un panier et attrapez-le fermement pour l'y mettre.

Recueillir des chats

Les psychologues pensent que les individus qui dévouent toute leur vie à recueillir de nombreux chats et à s'en occuper, font preuve d'un sentiment maternel excessif. D'après les vétérinaires, une attention trop importante a une incidence sur le comportement du chat. Les chats qui manifestent une « vulnérabilité affectée » ou un besoin d'attention exagéré sont généralement élevés par des maîtres solitaires, qui leur parlent comme à une personne, ne les laissent pas sortir, en font le centre de leur vie, et ont peu de contact humain.

La position des pattes arrière permet à ce chat de se dresser

Le félin dépendant
Dressé sur ses pattes arrière, ce chat renifle la main de son maître en signe de bienvenue. Il tente de se rapprocher autant que possible pour lui donner un petit coup de tête, mode de salut naturel chez le chat. L'interaction avec les humains a reproduit la dépendance du chaton envers sa mère. Le chat domestique recherche ainsi activement la compagnie humaine et dépend d'elle pour ses besoins essentiels.

Caresser et toucher son chat

LE CHAT N'EST PAS D'UN NATUREL SOCIABLE et n'apprécie pas d'être tripoté maladroitement. Il est souvent difficile de résister à l'envie de toucher cet animal gracieux, emprunt de dignité, propre, indépendant et sensuel. S'il n'a pas l'habitude d'être pris dans les bras, le chat ne se laissera faire que s'il est détendu et en confiance et, s'il n'a jamais été caressé quand il était petit, il y résistera farouchement. Les chatons devraient être caressés 40 minutes par jour dès l'âge de deux semaines. Plus ils sont cajolés, plus ils apprécieront le contact physique une fois adultes. Par contre, des caresses incessantes éveillent des émotions contradictoires. Le chat manifeste parfois cette ambiguïté en mordant la main caressante, puis en la frottant avec son museau. Il réagit avec agressivité lorsqu'on lui touche le ventre, partie que les autres chats ne touchent jamais, car c'est la plus vulnérable de son anatomie.

Un petit coup de tête
En se frottant la tête contre votre main, le chat la marque de son odeur. Il apprécie particulièrement les caresses derrière les oreilles, car il ne peut atteindre ce recoin avec la langue. Ce geste lui rappelle le coup de langue de sa mère.

Un examen médical
Lorsque vous administrez un comprimé à votre chat, il tentera de vous frapper ou de vous mordre. Tenez fermement sa tête avec une main et basculez-la vers l'arrière pour lui ouvrir la bouche. Lâchez le comprimé puis fermez-lui la bouche. Frottez sa gorge pour l'encourager à avaler.

Puces et champignons

La puce du chien et des humains est rare, mais celle du chat se reproduit très rapidement dans un environnement félin. Lorsque vous tenez un chat dans vos bras, notamment si vous ne le connaissez pas, vérifiez donc toujours s'il a des puces. Tous les chats, particulièrement à poil long, abritent et transmettent aussi des champignons très contagieux, qui infectent la peau, les poils et les ongles, sans manifester de symptôme clinique.

1 Soutenir avec les mains
Glissez une main sous les pattes avant du chat, et l'autre sous l'arrière-train. Vous soutenez ainsi tout son poids et soulagez la cage thoracique et les pattes.

2 Le transfert
La confiance du chat est visible, à ses pattes et sa queue détendues. L'enfant doit prendre le chat fermement des deux mains avant que l'autre personne ne lâche son emprise.

3 Confortablement installé
Être bercé n'est ni naturel ni habituel pour un chat. Il préfère être à l'endroit et n'accepte cette position que s'il est parfaitement en confiance et détendu dans les bras de la fillette.

Tenir le chaton correctement
Soutenez l'arrière-train du chaton dans la paume de votre main tout en tenant les pattes avant et la tête de l'autre main. Ne le prenez jamais par la peau du cou, comme le fait sa mère, cela pourrait blesser son organisme fragile.

« Tiens-moi bien pour que je me détende. »

Il est important de tenir le chaton correctement pour qu'il se détende

Vadrouiller librement

BIEN QUE LE CHAT SOIT PARMI LES PLUS GROS DORMEURS du règne animal, il a besoin d'activités fréquentes. Faire des rondes régulières pour surveiller son territoire est un de ses passe-temps naturels favoris. Il exerce instinctivement ses techniques de chasse et laisse des traces pour délimiter son domaine. Privé d'un accès extérieur, il passera des heures devant la fenêtre à tuer le temps.

Devant une scène qui l'excite ou l'inquiète, il lui arrivera de reculer et de dresser sa queue, frémissante. Uriner dans la maison est une façon de témoigner de son agacement d'être enfermé. Ce défaut de comportement survient généralement lorsque le chat n'a pas accès à l'extérieur ou qu'il partage le foyer avec trop de congénères.

Pister et retrouver

Dans les années 1970, des études allemandes et américaines ont suggéré que les chats ont un sens de l'orientation qui leur permet de retrouver leur foyer, s'ils sont à moins d'un kilomètre. Mais aujourd'hui, grâce à une puce électronique d'identification, de la taille d'un grain de riz, on peut retrouver les chats perdus. Elle est insérée sous la peau et, lue par un scanner, elle révèle l'identité du maître de l'animal. Certaines sont équipées d'un thermomètre qui facilite la prise de température à la fois pour le chat et pour le vétérinaire. Une balise GPS, fixée au collier de l'animal, permet de le localiser à quelques mètres près.

La queue maintient l'équilibre

Une démarche résolue
Marchant sur le mur du jardin, votre chat surveille son territoire. Il le délimite souvent en suivant les frontières des humains, comme le mur ou la clôture du jardin. Il effectue des rondes quotidiennes, sauf si le temps l'en dissuade, laissant chaque fois des traces olfactives. Cela le maintient en bonne forme, exerce son sens de l'équilibre et stimule son esprit.

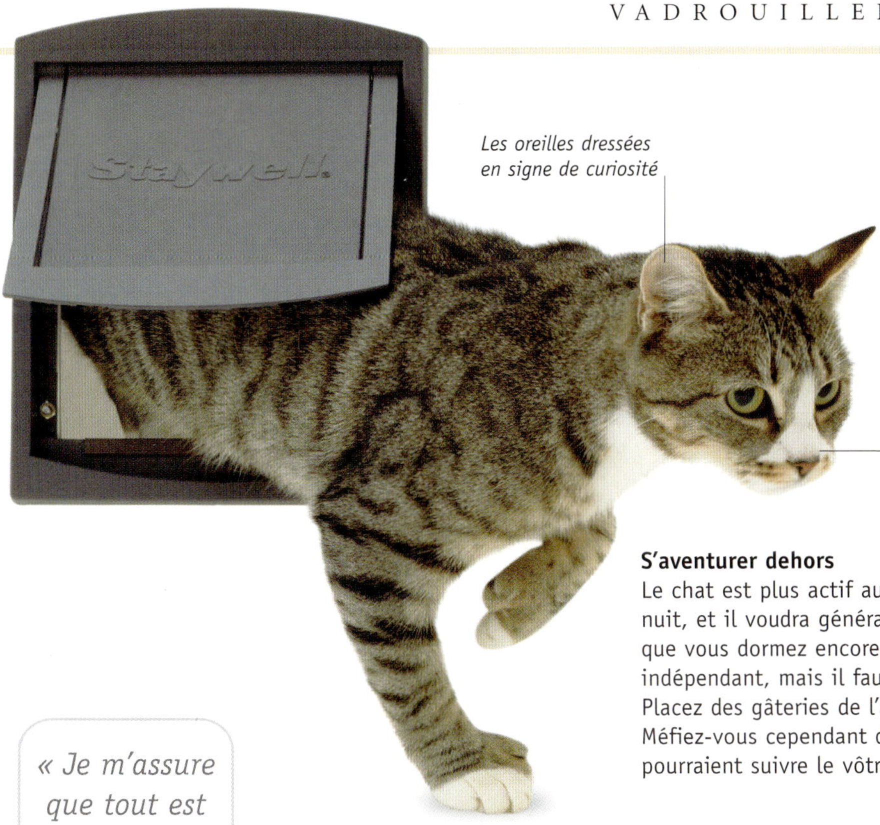

« C'est gentil de me réserver une porte personnelle. »

S'aventurer dehors

Le chat est plus actif au lever du jour et à la tombée de la nuit, et il voudra généralement sortir tôt le matin, alors que vous dormez encore. Une chatière lui permet d'être indépendant, mais il faut parfois lui apprendre à s'en servir. Placez des gâteries de l'autre côté de l'ouverture. Méfiez-vous cependant des chats du voisinage qui pourraient suivre le vôtre dans la maison et s'y installer...

« Je m'assure que tout est en ordre. »

Vivre à l'intérieur

Le chat d'intérieur suit le monde extérieur de derrière les fenêtres. S'il repère un oiseau, il lui arrive de claquer des dents et de remuer la queue. Une activité trop restreinte pourrait le rendre nerveux.

Le vaste monde

Vivre dehors est plus exaltant que d'être enfermé à l'intérieur. D'un autre côté, il ne faut pas sous-estimer les dangers. Avant de laisser votre chat s'aventurer dehors, étudiez les risques. S'ils sont trop importants, prévoyez suffisamment d'activités pour la vie d'intérieur.

La vie à nos côtés

VOTRE CHAT EST CAPABLE de s'entendre avec de nombreuses espèces et avec des congénères. Le chaton peut réussir une amitié durable avec un chat ou un autre animal, à condition qu'il lui soit présenté lorsqu'il a entre deux et sept semaines. Nous avons généralement une image stéréotypée du chien qui pourchasse le chat, mais, en fait, les chiens sont souvent intimidés par les chats. Les premières rencontres entre le jeune chaton et son compagnon potentiel doivent être organisées intelligemment. Ne débordez pas sur le territoire de l'animal qui reçoit, afin de ne pas compromettre la relation. Ce type d'amitié est une caractéristique comportementale propre au chat domestique et pas au chat sauvage.

Problèmes de territoire

Au début, votre petit compagnon ne voudra peut-être pas partager son territoire avec un nouveau chaton. Pour que la rencontre se passe aussi bien que possible, laissez le chat ou le chien renifler le nouvel arrivant alors qu'il dort. Si le chaton vient de chez un éleveur, vérifiez s'il a déjà eu des contacts avec d'autres espèces. Après l'âge de sept semaines, le chat n'a plus la capacité à se lier et il lui sera difficile de créer une amitié. Mais sachez que votre chat, en confiance avec votre chien, ne se méfiera plus des autres. Si vous présentez un nouveau chien à un chat habitué, faites attention que le chien ne le considère pas comme un intrus sur son territoire et ne se précipite pas instinctivement sur lui comme sur tous les chats.

Un chaton très sociable
Pas du tout intimidé par le chien, ce chaton en a souvent rencontré durant sa jeunesse (entre deux et sept semaines), et n'éprouve ainsi pas de crainte devant de gros animaux.

La première rencontre
Présenté pour la première fois à un chien, ce chaton est terrorisé. Il a le poil hérissé et adopte une posture défensive. Si la rencontre ne prend pas un tour de provocation, le chaton devrait être moins effrayé, les prochaines fois.

Intimider l'intrus
Cet adulte dominant défend son domaine contre ce nouveau chaton. Feulant et crachant, il se prépare à lui donner une tape. Inquiet, ce dernier recule, trop inexpérimenté pour comprendre ce qui se passe. Troublé, il reste muet.

Se lier d'amitié
Ces chatons jouent ensemble avec de la laine. La période durant laquelle ces liens peuvent se nouer est tellement courte qu'il vaut mieux prendre plusieurs chatons en même temps, si vous souhaitez avoir plus d'un chat.

Jouer avec les humains
Ces chatons ont découvert que les humains sont de bons compagnons de jeu. Aucun des deux n'a peur et tous deux affichent un comportement défensif précoce, attrapant avec les pattes avant et frappant avec celles de derrière.

Faire travailler le corps et la tête

SI VOUS NE CANALISEZ PAS L'ÉNERGIE de votre chat vers quelque chose de positif, il pourrait devenir destructeur. Nullement inquiet de la provenance de son prochain repas, il n'a pas de réel besoin de traquer ou chasser. Frustré d'un surplus d'énergie, votre chat agacé s'attaquera à vos plantes, fera ses griffes sur vos meubles, lacérera vos tapis et grimpera aux rideaux. Il aura même parfois de brèves crises de folie, courant de long en large dans la pièce, façon distrayante et spectaculaire de dépenser son énergie contenue. Certains chats prématurément sevrés tètent la laine. Pour éviter de tels écueils, assurez à votre chat suffisamment d'exercices et de stimulation intellectuelle.

Téter la laine
Si votre chaton tète la laine ou vous-même, il se peut qu'il ait été sevré trop tôt. Les Siamois se mettent parfois à téter après six mois, mais c'est généralement le résultat de défauts génétiques de comportement.

Mâchouiller les plantes
Le mythe selon lequel les chats ne mangent de l'herbe que lorsqu'ils sont malades n'est pas fondé. Certes carnivores, ils mâchouillent néanmoins souvent de l'herbe ou des plantes. Faites attention à ce que celles-ci ne soient pas toxiques.

Des jouets stimulants

Votre chat peut jouer seul avec une balle. Les jouets interactifs, comme les plumes suspendues à des « cannes à pêche », vous permettent de jouer avec lui. Parfumés ou fourrés d'herbe-aux-chats, ces jouets provoquent roulades et frottements chez votre chat.

Leurre bouffant

Balles de couleur

Jouets poilus et à plumes parfumés à l'herbe-aux-chats

« Canne à pêche »

Un poteau à griffes
Votre chat doit pouvoir se faire les griffes. Lorsqu'il se réveille, il en a souvent un besoin pressant, tout comme nous avons envie de nous étirer. Fournissez-lui un poteau ou une planche et il épargnera vos meubles.

Une cible mobile
Debout sur les pattes arrière, la queue étalée derrière lui, ce chat est déconcerté par ce jouet. Il l'examine en le touchant, le reniflant, le goûtant et en lui donnant de petits coups. Se balançant d'avant en arrière, ce jouet lui offre d'interminables heures de jeu.

Dresser son chat

CONTRAIREMENT À CE QUI SE DIT parfois, le chat peut parfaitement être dressé. Il est capable d'apprendre tout le temps, même s'il n'est pas forcément réceptif aux méthodes que l'on utilise avec le chien. Un chat apprend à faire les choses, soit parce qu'il le veut, soit parce vous l'amenez à penser qu'il le veut. Il est réceptif à ce type de « conditionnement par l'aversion » modéré.

Des objets bruyants
Un objet bruyant surprend le chat qui a peur de ce bruit métallique.

Un vaporisateur de plantes
Les chats détestent les jets d'eau. Envoyez un petit coup de vaporisateur au chat lorsqu'il griffe les rideaux.

Le sac de haricots
S'il tente de grimper aux rideaux, par exemple, lancez un petit sac de haricots dans sa direction.

Les boules antimites
Pour éviter que votre chat ne déterre les plantes, dispersez sur la terre des boules antimites, qui dégagent une odeur détestée des chats. Elles ne doivent pas tomber entre les mains des enfants.

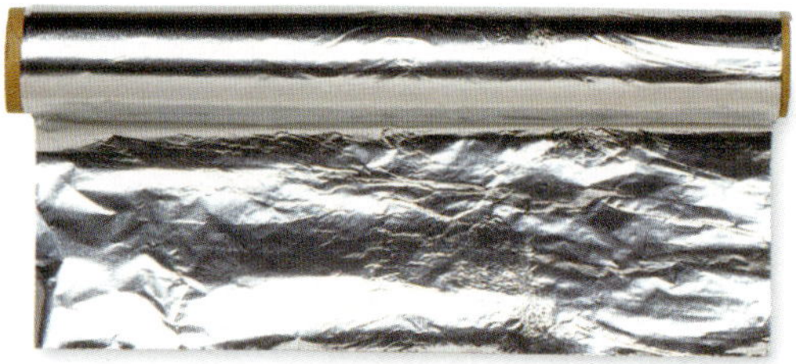

Le papier d'aluminium
Si votre chat fait ses besoins hors de la litière, étalez du papier aluminium là où il va. Les chats n'aimant pas sa consistance sous leurs pattes il retournera vite fait à sa litière.

Sélectionnez le jet le plus intense

Les défauts récurrents
Si votre chat fait une bêtise, comme s'attaquer à votre plante, aspergez-le immédiatement avec le vaporisateur. Ne criez pas, car il risque d'associer la punition à votre personne.

« Je ne faisais rien de mal, je te promets. »

1 La prévention

Vous n'êtes pas forcément là lorsque le chat fait une bêtise. Dans ce cas, il faut fabriquer des « pièges » qui lui serviront de leçon sur le coup. Disposez sur le plan de travail de la cuisine, par exemple, des pots et des casseroles qui ne manqueront pas de tomber s'il saute dessus ; ou bien, disposez autour des plantes qu'il aime des pièges à souris sous un papier.

Le piège à souris doit être suffisamment recouvert pour qu'il ne risque pas de se refermer sur la patte du chat

2 Faire sauter le piège

Pour atteindre le feuillage, ce chat doit marcher sur le papier. La pression est suffisante pour déclencher le piège à souris.

Avec le piège à souris, le papier « explose » sans faire mal au chat

Le chat recule, effrayé par le bruit

Une petite tape délicate corrige le chat

Corriger directement

Si votre chat vous prend pour un poteau à faire ses griffes ou tète vos vêtements, donnez-lui une petite tape sur le bout du nez, sans jamais lui faire mal. Ne le réprimandez ainsi que lorsqu'il s'en est pris directement à vous.

Renforcement positif

Les formes de « conditionnement aversif » devraient toujours être accompagnées du « renforcement positif » (offrir des friandises, parler d'une voix douce et réconfortante, et caresser) lorsque le chat se comporte comme il convient (par exemple, lorsqu'il fait ses griffes sur le poteau à griffes et pas sur les meubles). Dresser son chat à venir lorsqu'on l'appelle par son nom est facile, une fois que l'on connaît ses friandises préférées, pour s'en servir de leurre ou récompenses. Le chat devient plus conciliant encore avec un son attractif, comme celui de la friandise qu'on secoue.

L'importance du jeu
Des jouets simples et bon marché permettent de stimuler physiquement et intellectuellement votre chat. Les plus efficaces dégagent des odeurs attrayantes, font du bruit, sont doux au toucher et le chat peut les tapoter et sauter dessus. Jouer avec lui renforce votre relation.

S'occuper de son chat

LE CHAT DOMESTIQUE est un carnivore africain doué d'importantes capacités d'adaptation, qui a trouvé à son goût la vie aux côtés des humains. Certaines de ses habitudes naturelles, le marquage du territoire ou ses habitudes hygiéniques, peuvent nous sembler socialement inacceptables. Mais confrontés à un matériel adéquat et dressés de façon appropriée, la plupart des chats sont capables d'un comportement plus « civilisé ». Ils sont prêts à apprendre l'usage des litières, à se faire les griffes sur un poteau prévu à cet effet et à manger des repas préparés.

La liberté assurée
Le désir naturel des chats de grimper et de vadrouiller est si puissant que la plupart ont envie de s'aventurer dehors. Capables de se faufiler par des espaces étroits, ils n'hésiteront pas à se glisser par la chatière dès qu'ils auront compris qu'elle mène à l'extérieur.

Choisir le bac à litière
Glissez un sac en plastique dans le bac à litière avant de le remplir. Aux yeux de votre chat, la qualité la plus importante de la litière est sa consistance sous les pattes. Il préférera peut-être une texture plutôt qu'une autre et aura des réticences à en changer.

Se servir de la litière

Les chats sont naturellement propres, mais ont tout à gagner d'une petite aide de votre part. Pour que l'apprentissage soit efficace, choisissez toujours le même type de litière, de préférence fine et sans odeur. Installez le bac dans un lieu isolé, loin du bruit. Retirez chaque jour les déjections et renouvelez la litière au moins deux fois par semaine. Ne plantez jamais le chat devant sa litière pour le punir. Si vous avez plusieurs chats, susceptibles de se faire des embuscades, évitez les bacs fermés qui n'offrent aucune échappatoire. Ils devraient chacun avoir leur litière et, dans l'idéal, une par étage.

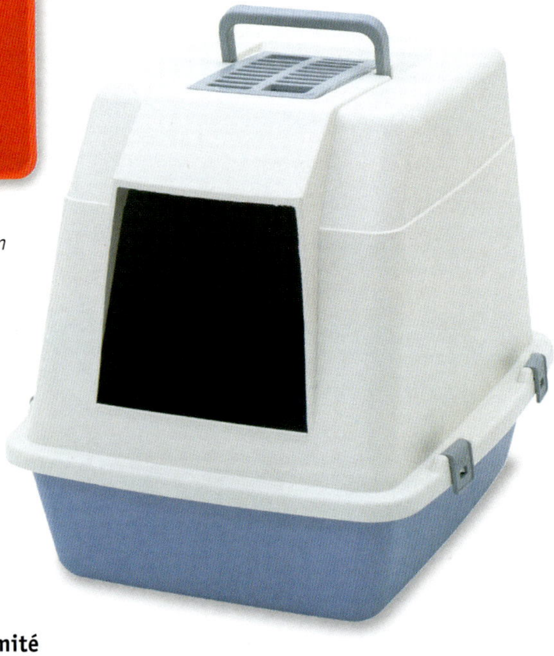

L'intimité
Les chats sont naturellement dressés pour utiliser une litière, et préfèrent un endroit tranquille et discret pour faire leurs besoins. Les bacs couverts leur conviennent très bien.

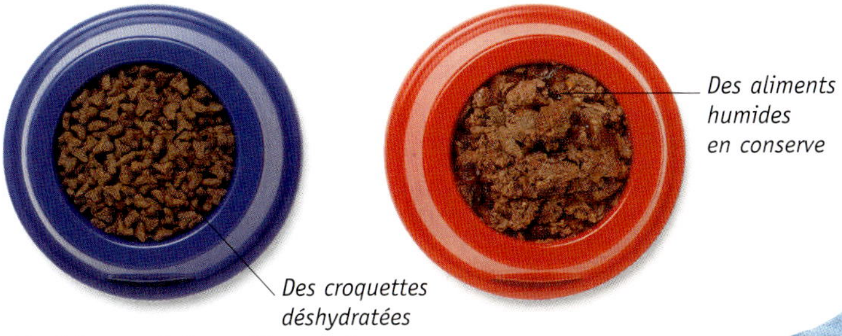

Choisir un régime alimentaire

Bien que les aliments en boîtes puissent sembler plus naturels, les chats préfèrent souvent les croquettes. Elles ressemblent aux os craquants des proies. Les aliments humides leur apportent beaucoup d'eau, mais il faut toujours leur fournir de l'eau fraîche.

Le panier de voyage

Votre chat associera peut-être le panier aux visites chez le vétérinaire ou à la pension. Mettez-le à sa disposition, comme couche chaude et confortable, à la maison, pour qu'il s'habitue à y associer aussi des expériences agréables.

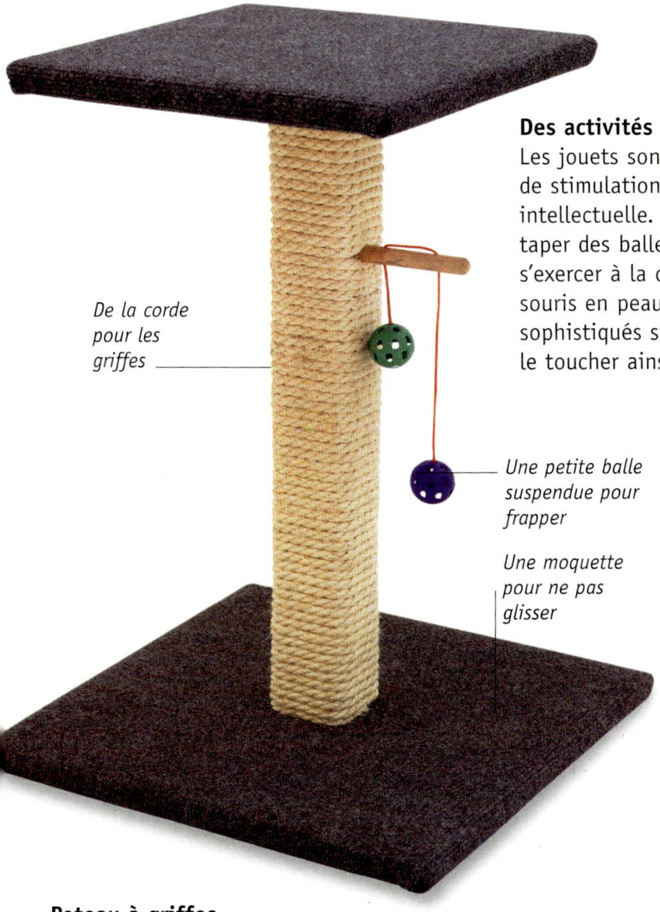

Des activités grisantes

Les jouets sont une source de stimulation physique et intellectuelle. Le chat peut taper des balles légères et s'exercer à la chasse avec des souris en peau. Des jouets plus sophistiqués stimulent l'ouïe et le toucher ainsi que la vue.

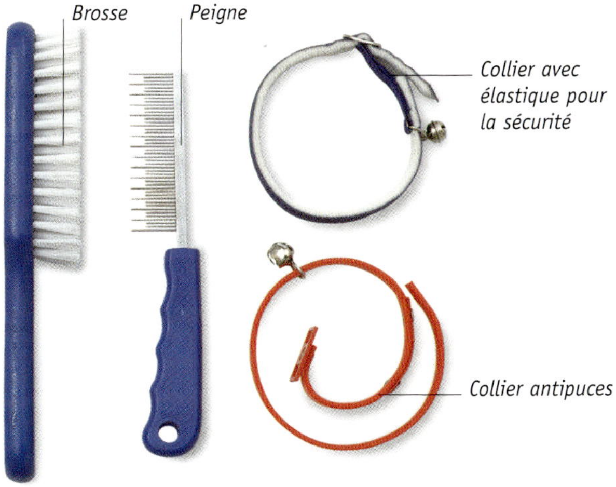

Poteau à griffes

Votre chat fait ses griffes pour les aiguiser autant que pour laisser des traces visibles sur son territoire. Les poteaux ou planches à griffes doivent être posés en vue et faits de matériaux faciles à griffer.

Les brosses, les peignes et les colliers

Le chat domestique, surtout à poil long, doit souvent être brossé. S'il est très sale, lavez-le à sec ou à l'eau. Le vétérinaire peut vous indiquer comment lui tailler le bout des griffes.

Les défauts de comportement

FAIRE SES GRIFFES sur les meubles, s'attaquer à nos chevilles et avoir un comportement agressif, voici quelques activités exaltantes pour les chats, mais agaçantes pour nous. Une approche adaptée permet généralement de résoudre la plupart de ces problèmes. Avant d'agir, assurez-vous auprès du vétérinaire que le changement de comportement n'est pas dû à un souci médical. Pour s'attaquer à un défaut de comportement, il faut d'abord déterminer s'il s'agit de stress et, si c'est le cas, cherchez à le réduire. Il suffit parfois de présenter au chat un poteau à griffes ou quelques jouets à pourchasser et attraper pour qu'il puisse exprimer ses instincts de chasseur. Si le problème persiste, le vétérinaire peut vous proposer un traitement à base de phéromones synthétiques, destiné à calmer le chat ou à réduire la tension accumulée contre ses congénères ou les humains.

L'embuscade des chevilles
Lorsque le chat s'attaque à vos chevilles, il peut vous faire mal. Il s'agit d'un jeu naturel, mais qui prend parfois une connotation sexuelle, y compris chez le chat stérilisé. Ce comportement est généralement le fait des mâles.

Les causes de stress
La remise en cause de son territoire et de l'attention que vous lui accordez sont parmi les causes de stress les plus courantes. L'arrivée d'un nouveau chat, d'un bébé, d'un chiot ou même d'étrangers peut induire un conflit émotionnel chez votre animal, qu'il exprimera en faisant ses griffes, en urinant et en faisant ses besoins par terre.

Un félin tyran
L'agression est un comportement normal chez le chat et se manifeste de diverses façons. La douleur, bien sûr, déclenche l'agression, tout comme la surexcitation due à un jeu excessif. Elle est parfois aussi dirigée contre un autre chat ou un chien, suite à une rupture dans les relations, après une visite chez le vétérinaire ou au chenil.

Docteur, j'ai un problème

Les défauts de comportement des chats sont parfois irritants. Ils sont rarement exceptionnels, s'expliquent toujours et sont possibles à corriger. Le personnel des cliniques vétérinaires devrait pouvoir vous aider à résoudre la plupart de vos soucis et, en particulier, à distinguer un défaut de comportement d'un problème d'origine médicale. Voici aussi quelques sites et associations pour vous aider: www. chats du monde. com (où vous trouverez conseils, forum et annuaire); L'AFVAC (Association Française des Vétérinaires pour Animaux de Compagnie), le GELAF (Groupe d' Étude en comportement des Animaux Familiers), et le FAB (Feline Advisory Bureau).

Des sentiments contradictoires

Ce que les comportementalistes appellent « le chat caressé-mordeur » est étonnamment répandu. Le chat apprécie vos caresses puis, soudain, il se met à mordre et à griffer. Il ne met pas toujours les dents, mais parfois il s'agit d'une vraie morsure. Cette attitude s'explique par des émotions contradictoires: il prend plaisir à être dorloté, se remémorant les coups de langue maternels, mais les chats adultes n'ont de relations que pour s'accoupler ou se battre. Ces instincts contradictoires mettent le chat mal à l'aise.

« Ces instincts contradictoires me troublent ! »

Les défauts de comportement (suite)

S'attaquer aux plantes d'intérieur
Vos plantes d'intérieur ne doivent absolument pas représenter de danger potentiel pour le chat qui les mâchouillerait. Même si elles ne sont pas toxiques, mettez-les hors de sa portée, dans des pots suspendus par exemple, et vaporisez les feuilles d'un répulsif.

Se faire les griffes sur les meubles
Se faire les griffes, acte tout aussi naturel pour un chat que d'uriner pour marquer son territoire, lui permet d'exercer ses griffes, de les aiguiser et d'étirer ses muscles. Il le fait également pour laisser des traces visibles qui délimitent son domaine. S'il est impossible à éliminer, ce comportement normal peut être orienté. Procurez-lui un poteau ou une planche à griffes. Disposez-les là où il a l'habitude de faire ses griffes et ajoutez de l'herbe-aux-chats pour l'attirer.

Uriner

Un chat marque son territoire en urinant. Si le mâle est plus enclin à le faire, la femelle aussi se livre à cette activité, parfois même en étant stérilisée. Le stress en est souvent à l'origine. Tant que vous n'en avez pas identifié les causes, essayez de mettre votre chat, lorsqu'il reste seul à la maison, dans un grand enclos avec sa litière, une couverture, de la nourriture et de l'eau.

Une double thérapie

Pour corriger des défauts de comportement, il faut opérer sur deux fronts : l'« attraction » et la « répulsion ». L'attraction est explicite. Les chats ont divers besoins naturels, en grande partie liés au territoire qu'ils marquent de leur urine, déjections et traces de griffes. Prévoyez des emplacements adaptés à ces activités dans le foyer et le jardin.

La thérapie d'aversion vise à décourager le chat de fréquenter certains endroits ou de se livrer à certains comportements (voir pages 140-141). Si vous prenez des mesures telles que l'asperger d'eau, le chat ne doit pas vous associer à cette punition.

En votre absence, vous pouvez installer des dispositifs comme une bande adhésive double-face ou des appareils à ultrasons.

Déambuler sur le plan de travail

Les chats aiment surveiller leur territoire depuis une hauteur. Le plan de travail de la cuisine est un endroit idéal pour chasser de la nourriture. Afin que cette activité ne soit pas récompensée, ne laissez pas traîner des aliments. Mais le chat cherche peut-être seulement un poste d'observation, alors réservez-lui un lieu élevé.

Le chat apprécie les hauteurs

Symptômes

POUR LE CHAT EN BONNE SANTÉ, les jours se suivent et se ressemblent. Les routines et les rythmes sont invariables. La moindre modification est parfois le signe d'un problème de santé. Le chat fait semblant d'aller bien, alors à vous de reconnaître quand il a besoin d'aide. Dès le début, habituez-le à être touché et à jouer avec vous, à se laisser ouvrir la bouche, toucher l'abdomen et regarder les oreilles. Le chat cherchera à dissimuler les symptômes d'une affection, mais un maître attentif remarque des changements imperceptibles : l'animal ne dort pas dans ses endroits habituels, est réticent à grimper ou modifie ses habitudes pour manger ou boire. Ces modifications très discrètes peuvent cacher de graves problèmes.

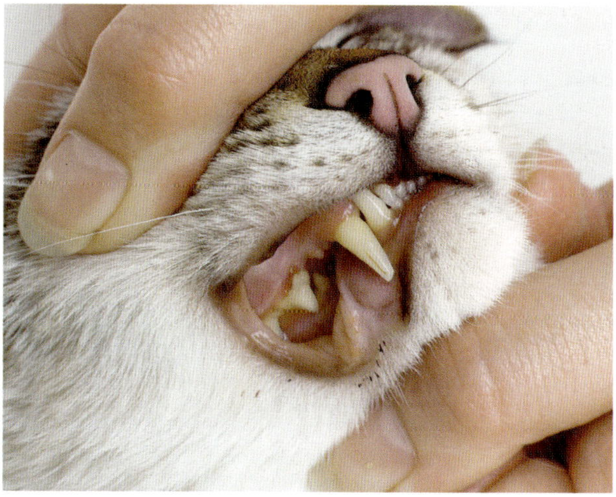

La couleur des lèvres et des gencives
La couleur des gencives témoigne de la circulation sanguine et indique la quantité d'oxygène dans les globules rouges. Si elles ne sont pas roses, prenez conseil auprès du vétérinaire. Examinez également le menton et les lèvres. Il ne devrait pas y avoir d'inflammation, de grosseur ou d'odeur désagréable. Ne tenez pas compte des zones à pigmentation noire.

« J'ai du mal à reprendre mon souffle. »

« Je n'ai vraiment pas le cœur à manger. »

Un changement de respiration
Une respiration normale est quasi inaudible. Les difficultés respiratoires peuvent être dues à une infection de la poitrine ou des voies respiratoires supérieures, ainsi qu'à l'asthme, affection parfois mortelle. Un traumatisme au diaphragme peut aussi sérieusement altérer la respiration. Contactez un vétérinaire en cas d'essoufflement inexpliqué.

Modifications d'appétit et de soif
Un manque d'appétit est toujours symptomatique d'un problème. Une baisse de la soif est inquiétante, car elle est révélatrice de nombreuses affections métaboliques. Un appétit accru, accompagné d'une perte de poids, indique parfois un dérèglement de la thyroïde. Le diabète se manifeste souvent par un appétit et une soif accrus, accompagnés d'une perte de poids.

La déshydratation
Pincez la peau du cou, puis lâchez-la. Plus elle est longue à se remettre en place, plus la déshydratation est grave. Vérifiez les gencives des vieux chats ou des chats obèses : la déshydratation les rend sèches et gluantes. La déshydratation peut être causée par la diarrhée, des vomissements, une miction trop importante ou des nausées qui empêchent le chat de boire.

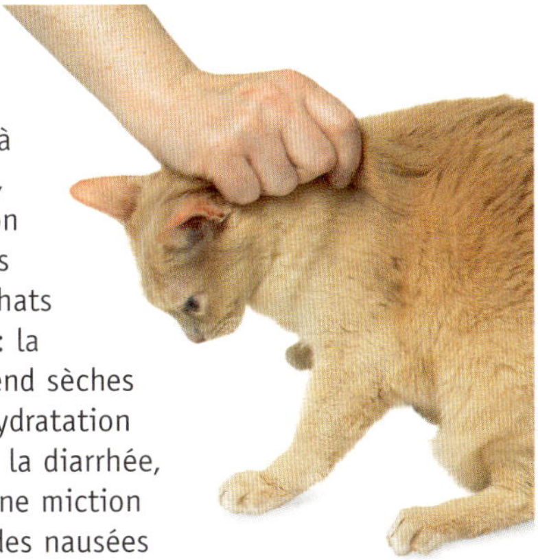

Des vieux hyperactifs

Un chat peut conserver un comportement de chaton jusqu'à un âge vénérable mais si, à cet âge, il est plus juvénile que dans sa jeunesse, c'est peut-être le signe d'un problème. Les vieux chats souffrent souvent de deux affections : le diabète sucré et la suractivité de la glande thyroïde. Toutes deux provoquent une perte de poids et de l'hyperactivité. Un chat diabétique mange davantage, boit bien plus encore, est plus actif et perd du poids. Il faut faire des prises de sang pour diagnostiquer la maladie, puis traiter avec des médicaments.

La léthargie
Malgré leur réputation de fainéants, les chats sont souvent actifs et éveillés durant huit heures par jour. Une lassitude accrue, même chez un abonné du canapé, est peut-être un signe de problème médical. Consultez immédiatement le vétérinaire. Si l'obésité est à l'origine du problème, la perte de poids s'impose.

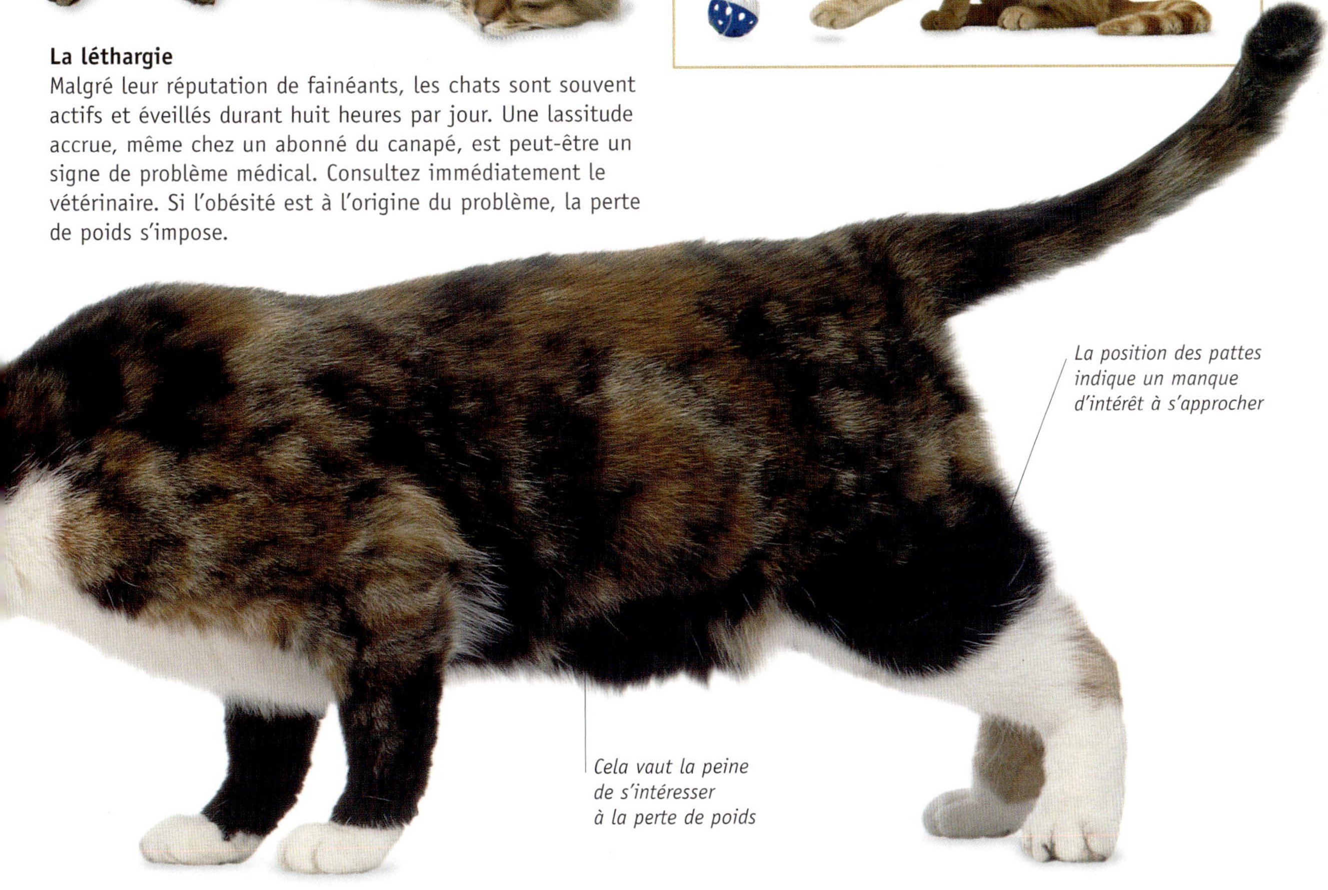

Le vieillissement

EN VIEILLISSANT, il arrive que le caractère du chat change. Il devient grognon et irritable, ou au contraire plus affectueux, cherchant le réconfort de son maître. Il en va de même avec l'appétit ; le chat préférera certains aliments ou demandera à être nourri plus ou moins souvent. Les modifications progressives du vieillissement sont inévitables, mais votre fidèle compagnon vous donnera autant de satisfaction à un âge avancé que lorsqu'il était chaton. À vous d'adapter votre comportement à son encontre. Ne le dérangez pas inutilement pendant son sommeil, par exemple, ou bien laissez-le choisir l'heure des caresses. Réduisez les protéines car il a moins besoin d'énergie et ses reins ne fonctionnent plus aussi bien. Bien entouré, un chat devrait vivre une quinzaine d'années ou davantage.

« Je n'ai pas le sentiment d'être à mon avantage. »

La prise de poids

Ce Persan roux a pris quelques kilos avec l'âge. Son poil emmêlé forme des nœuds car il a du mal à faire sa toilette comme il faut. Les chats en bonne santé prennent rarement du poids. Contrairement aux chiens, ce ne sont pas des fanatiques de la nourriture, bien que certains maîtres les dressent bêtement à le devenir.

Un manque d'exercice lui fait prendre du poids

Des nœuds se forment dans le poil car la toilette devient plus difficile

Équivalence des âges

Grâce à la prévention médicale et à une vie plus souvent à l'intérieur, les chats vivent plus vieux aujourd'hui que dans le passé. L'équivalence de sept ans entre la vie des chats et celle des humains n'est donc plus d'actualité. Voici une autre échelle de comparaison entre l'âge du chat et celui des humains :

Âge du chat	Équivalent humain
1 mois	10 mois
3 mois	7 ans
6 mois	9 ans
1 ans	24 ans
2 ans	36 ans
3 ans	42 ans
4 ans	45 ans
5 ans	48 ans

… et ainsi de suite, d'une année de félins pour trois ans d'humain :

18 ans	87 ans
19 ans	90 ans
20 ans	93 ans

La perte de poids
Avec l'âge, ce chat est devenu assez mince. La suractivité de la glande thyroïde provoque parfois de l'hyperactivité qui, elle-même, entraîne parfois une perte de poids spectaculaire. C'est également le cas du diabète, comme du dysfonctionnement rénal et d'autres affections qui se soignent.

Évaluer le caractère de son chat

LES MAÎTRES DE CHATS se rendent compte que chacun est un individu avec sa personnalité propre, cependant difficile de décrire puisqu'unique. Tous les chats partagent des comportements communs, mais les divers degrés de ces comportements engendrent des tempéraments différents. Chacun est influencé par la génétique, les hormones, l'environnement dans lequel il se trouve et l'apprentissage.

Ainsi, certaines races ont sans aucun doute des traits de caractère particuliers. Le Siamois, par exemple, est le plus loquace. Des études sur d'autres espèces, comme le renard et le rat, attestent que la personnalité est liée à la couleur de la robe. Mais aucune étude d'importance n'a été menée, à ce jour, chez le chat pour déterminer le lien entre personnalité et race.

L'image du chat
Beaucoup de gens associent les félins à la chaleur, la sensualité, la douceur et autres sentiments maternels et féminins. ceci nous amène à nous en occuper avec générosité. Malheureusement, une personne sur quatre les considère fourbes, rancuniers et malhonnêtes et les traite avec mépris.

Une personnalité timide
Ce chat écaille de tortue à poil long est plus réservé et plus discret que la moyenne de ses congénères. Ces caractéristiques sont peut-être génétiquement liées à la longueur du poil.

Une carrure orientale
Les chats à la carrure longiligne et fine sont généralement davantage ouverts et sociables que leurs cousins plus trapus. Ils sont également plus jaloux de leur territoire mais souvent plus démonstratifs.

La personnalité de votre chat

Les maîtres de chats sont généralement de bons observateurs. Les scientifiques s'appuient parfois sur eux, au travers d'enquêtes concernant le comportement de leur animal et pour leurs recherches sur la personnalité de l'espèce. Vous pouvez évaluer celle de votre chat grâce au questionnaire ci-dessous. Il suffit de répondre à chaque groupe de questions et d'additionner les chiffres séparément, pour savoir à quel point il est sociable, éveillé et d'humeur égale...

Dans les cases ci-dessous, cochez un chiffre de 1 à 5 pour chacune des affirmations.	Presque toujours (1)	Souvent (2)	Variable (3)	Rarement (4)	Quasiment jamais (5)
1. Mon chat					
Tolère d'être touché					
Est affectueux					
Exige de l'attention					
Est confiant					
Accepte les étrangers					
2. Mon chat est					
Excitable					
Loquace					
Joueur					
Actif					
Destructeur					
Indépendant					
3. Mon chat a / est					
Peur des chats inconnus					
Hostile aux chats inconnus					
Solitaire					
Agressif					
Tendu					

- *Quel âge avait votre chat lorsque vous l'avez eu ?*
- *Quel âge a-t-il maintenant ?*
- *Est-ce un mâle ou une femelle ?*
- *A-t-il été stérilisé ?*
- *Votre chat a-t-il libre accès à l'extérieur ?*
- *Dans quel pays vivez-vous ?*
- *Quelle est la race de votre chat ?*
- *Quelle est la couleur de votre chat ?*

Évaluez la personnalité de votre chat en additionnant les points de chaque partie.

1. Sociabilité

Un faible nombre de points (12 ou moins) signifie que votre chat est très sociable et bien intégré dans la société humaine. Les chats devenus adultes sans rencontrer d'êtres humains ont généralement un score élevé.

2. Éveil

Les chats qui ont un faible nombre de points sont les plus vifs et les plus éveillés. Ils ont généralement de l'énergie à revendre. Il faut peut-être leur organiser des activités pour qu'ils ne deviennent pas destructeurs. Un chat au score élevé (plus de 15) est réservé et apathique.

3. Humeur égale

Les chats qui apprécient la compagnie de leurs congénères ont un score élevé (plus de 12). Cela concerne généralement des animaux élevés avec d'autres chats depuis leur plus tendre enfance. Un score faible revient au chat qui n'aime pas ses congénères car trop territorial pour accepter un intrus, ou trop enferré dans ses habitudes pour changer de comportement.

Index

Adresses utiles

ACF - ASSOCIATION DES CHATS DE FRANCE
207, rue de la ville de Paris
95530 La Frette sur Seine
tél : 01 30 76 13 17 fax : 01 30 76 04 41

AIF - ASSOCIATION INTERNATIONALE FÉLINE
38, avenue du Président Wilson
75116 Paris
tél : 01 45 53 71 48

CFP - CERCLE FÉLIN DE PARIS
12, rue Janssen
75019 Paris
tél : 01 46 39 85 24 fax : 01 46 66 88 68

FFF - FÉDÉRATION FÉLINE FRANCAISE
75, rue Claude-Decaen
75012 Paris
tél : 01 46 28 26 09 fax : 01 43 42 43 09
http://www.fffeline.com/

FIC - FÉDÉRATION INTERNATIONALE DU CHAT
15, rue des Acacias
91270 Vigneux
tél : 01 69 03 51 98

LORF- LIVRE D'ORIGINE DES RACES FÉLINES
la Folie
74570 Evires
tél : 04 50 62 01 60 fax : 04 50 62 02 08

Voir aussi pour les origines :
http://loof.asso.fr/loof/racine/

S.C.F.F. – SOCIÉTÉ CENTRALE FÉLINE DE FRANCE
24, rue de Nantes 75019 Paris
Tél : 01 40 35 18 04

S.P.A. SOCIÉTÉ PROTECTRICE DES ANIMAUX
39, bd Berthier
75017 Paris
Tél. : 01 43 80 40 66
www.spa.asso.fr

Remerciements

Remerciements de l'auteur
Dans les remerciements de mon précédent livre *Connaître son chat*, qui a servi de base à ce nouvel ouvrage, j'écrivais : « Je n'en étais pas conscient à l'époque et il ne s'en rendait certainement pas compte lui-même, mais, grâce à sa collection d'animaux, mon père m'a préparé, dès l'enfance, à m'intéresser au comportement animal. Aujourd'hui, à l'heure où j'écris ces lignes, c'est un vigoureux octogénaire, fier comme Artaban des productions de son plus jeune fils. J'espère qu'il aura envie de montrer ce livre à ses amis. »
C'est exactement ce qu'il s'est empressé de faire ! Jusqu'à ce qu'il abandonne la conduite, à l'âge de 95 ans, il conservait une copie de ce livre dans sa voiture et montrait ces quelques lignes à tous ceux qui voulaient bien les lire (et même ceux qui ne voulaient pas !).
J'ai pu réaliser cette suite au livre original grâce au temps accordé par ceux avec qui je travaille. Les docteurs Veronica Aksmanovic et Grant Petrie, ainsi que l'équipe de soigneurs, Ashley McManus, Suzi Gray, Angela Bettinson, et Hester Small, sont tout bonnement merveilleux.
De même que l'équipe de Sands Publishing Solutions : David et Sylvia Tombesi-Walton et Simon Murrell. Nous avons déjà travaillé ensemble et j'espère que nous recommencerons.
Merci également à Miezan van Zyl, Sarah Larter et Phil Ormerod de DK, qui veillent toujours à maintenir l'Édition à son plus haut niveau d'exigence.

Remerciements de l'Éditeur
Dorling Kindersley souhaite remercier : Natasha Guttmann, Esther Bruml, Karen Tanner, Carolyn Stephenson, Blackie Merrifield, Jenny Berry, Jane Burton, Heather Creasey, Liz Button, Lynn Medcalf, et Margaret Correia de nous avoir fourni des photographies de chats en situation ; Steve Gorton et Tim Ridley pour des photographies en situation.

Remerciements du photographe
Jane Burton souhaite remercier : Hazel Taylor, Sue Hall, Di Everett ; Les Tolley et Jane Tedder pour l'aide apportée à dénicher des chats, les manipuler et les nourrir ; Carolyn Woods de nous avoir prêté des photos de chats ; Arabella Grinstead et Louisa Hall pour avoir pausé.

CRÉDITS PHOTOGRAPHIQUES
Tous les efforts ont été faits pour identifier et contacter tous les ayant-droits. Les éditeurs rectifieront volontiers, dans les éditions ultérieures, toute omission ou inexactitude qui leur seront signalées.
Abréviations: h = haut; b = bas; g = gauche; d = droite; c = centre
Toutes les photographies sont de Jane Burton sauf les suivantes :
Pour DK :
Paul Bricknell : p. 5 bd ; p. 6bc ; p. 60 bg ; p. 122 bd ; p. 124 cd ; p. 153 hg.
Emma Firth : p. 48 bg.
Steve Gorton: p .7 bd; p. 23 hg, hd; p. 24 cg; p. 25 d; p. 93 bg; p. 97 hd;
p. 98 b ; p. 115 bg, bd ; p. 119 hg, bg; p. 150 td; p. 151 hg.
Frank Greenaway : p. 86 bg
Marc Henrie: p. 8 bg; p. 10 hd; p. 11 bd; p. 18 cd; p. 23 bg; p. 61 bd,
p. 130 bd
Jacqui Hurst: p. 7 bc.
Colin Keates: p. 14 cg.
Dave King: p. 4 bd; p. 10 hg ; p. 12 bg, bd ; p. 13 bg ; p. 16 b; p. 21 bc ;
p. 24 cd, bg; p. 25 bg; p. 27 bd; p. 61 bg; p. 63 hd; p. 88 bg; p. 92 bg, bd ;
p. 105 bd; p. 124 cd; p. 150 bg; p. 151 cd, b; p. 154 hd.
Steve Lyne : p. 9 hg; p. 65 hg.
Debbie Maizels: p. 33 tout travail artistique.
James McConnachie: p. 112 hd.
Jane Miller: p. 6 bd.
Daniel Pangbourne: p. 9 bd.
Tim Ridley: p. 32 cg; p. 87 bg; p. 115 hd; pp. 140-141 toutes les images sauf:
p. 140 bd et p. 14l bg; p. 145 hg.
Kim Taylor : p. l02-103 c.
David Ward : p. l46 bd.
Tim Winter : p. 7 bg.
Jerry Young : p. 17 hd.

Agences
Alamy : Drew Hadley p. 21 hd; blickwinkel p. 47 hd; Sébastian Baussais p. 50-51; Tom Gardner p. 51 cd; Junior Bildarchiv p. 56 bg; Peter Steiner p. 76-77; EPTravelStock p. 99 hg; imagebroker p. 100-1; Jeff Smith p. 120-121; Petra Wegner p. 129 cd; Visual&WrittenSL p. 142-143.
Corbis: Guenter Rossenbach/zefa p. 38-39; Frank Lukasseck/zefa p. 66-67; James L. Amos p. 81 bd; Jonathon Cavendish p. 90-91; James L. Amos p. 110-11l; Richard Hamilton Smith p. 134-135.
FLPA : David Hosking p. 14 bg ; Andrew Parkinson p. 16 hd; Angela Hampton p. 58 bg, p. 79 hd.
Sand. Publishing Solutions : Simon Murrell : toutes les photos d'arrière plan; David Tombesi-Walton: p. 75 hd, p. 104 cd; Sylvia Tombesi-Walton: p. 6 bg.